EXPLICATION GÉNÉRALE

DES

MOUVEMENTS POLITIQUES.

PARIS. — IMPRIMERIE DE FAIN ET THUNOT, RUE RACINE, 28.

AZAÏS.

EXPLICATION GÉNÉRALE

DES

MOUVEMENTS POLITIQUES,

ET, SPÉCIALEMENT,

DES CIRCONSTANCES ACTUELLES.

Tout expliquer, c'est tout unir.

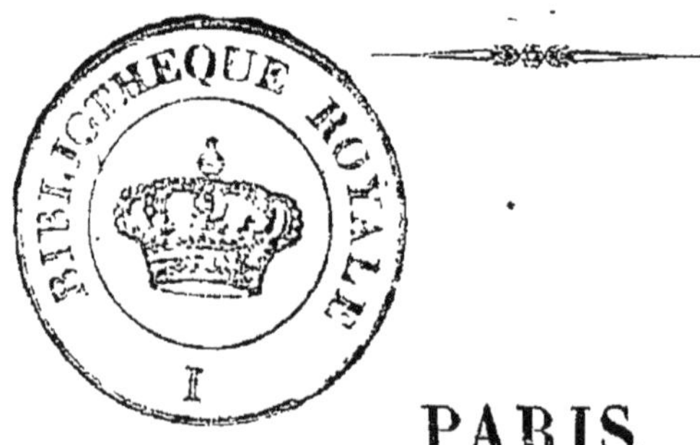

PARIS.

CHARLES GOSSELIN, LIBRAIRE,
RUE SAINT-GERMAIN-DES-PRÉS, No 9;

LEDOYEN, LIBRAIRE, PALAIS-ROYAL, GALERIE D'ORLÉANS, 31.

OCTOBRE 1840.

EXPLICATION GÉNÉRALE

DES

MOUVEMENTS POLITIQUES,

ET, SPÉCIALEMENT,

DES CIRCONSTANCES ACTUELLES.

Tout expliquer, c'est tout unir.

INTRODUCTION.

Occasion de cet ouvrage. — Son objet. — État actuel de l'esprit humain. — Nécessité pressante de lui donner une direction fixe et salutaire. — *Post-scriptum* : Attentat du 15 octobre. — Fanatisme.

On va trouver, au début de cet ouvrage, un Mémoire qui en est la base, et que cependant le titre de l'ouvrage n'annonce pas. Voici les raisons de cette irrégularité.

Pressé de fournir de temps à autre, à l'Académie des sciences, l'occasion de se prononcer sur le système que je présente à mes contemporains, j'ai choisi, cette année, la question scientifique la plus étendue par ses applications, la plus importante par ses conséquences, celle de *l'affinité* ou *puissance de combinaison*, question d'ailleurs que d'illustres physiciens, Buffon, Lavoisier, Davy, de nos jours Gay-Lussac, ont vainement essayé de résoudre, et qui avait fini par être réputée impénétrable.

La solution que le système universel en donne étant, à mes yeux, de toute clarté, de toute simplicité, je l'ai résumée, j'en ai fait le sujet d'un Mémoire, pour lequel j'ai demandé une lecture à l'Académie. M. Arago, l'un des secrétaires perpétuels, s'est empressé de m'inscrire; il a bien voulu de plus écouter d'avance cette lecture dans son cabinet, et m'accorder plusieurs conférences attentives et étendues.

Ce juge, si compétent dans tous les genres de science positive, n'a rien opposé à mes pensées fondamentales; mais il a craint, m'a-t-il dit, que le Mémoire qui en découlait ne fût point goûté par l'Académie, à cause de l'habitude qu'elle a prise de frapper d'exclusion toutes les conceptions systématiques.

Cette considération ne m'a point retenu. Comme l'erreur a mille faces, tandis que la vérité ne peut en avoir qu'une; comme, pour cette raison, l'esprit humain peut enfanter des milliers de systèmes imaginaires, tandis qu'il ne pourra découvrir qu'une seule fois le système vrai, le système conforme au plan de la nature, je n'improuve que l'excès dans la défiance de l'Académie; j'en trouve le motif sage et prudent. C'est à l'homme qu'une grande conviction entraîne, et qui n'a rien négligé pour qu'elle fût légitime, à vaincre cette défiance par la force et l'enchaînement du système qu'il a conçu, ainsi que par le ton de déférence avec lequel il l'expose. Une pensée importante par son objet est nécessairement vraie, lorsque, soumise avec plein abandon et inébranlable persévérance au jugement des hommes éminemment capables de l'apprécier, elle n'a pas reçu d'eux une condamnation formelle. Leur réserve alors peut tenir à des causes particulières, telles que des engagements de corps ou des habitudes dogmatiques, mais tacitement, et dans leur conscience scientifique, ils adoptent cette pensée. Si, à leurs yeux, elle était fausse, ils le diraient hautement et ils le démontreraient. C'est ainsi qu'en agissaient les Laplace, les Lagrange, à l'égard des théories illusoires qui leur étaient proposées, spécialement à l'égard de la Cosmogonie de Buffon.

J'ai donc profité de la complaisance de M. Arago, et de celle du président, M. Poncelet. Le 10 août, j'ai lu mon Mémoire à l'Académie; il a été écouté avec attention et intérêt. Quelques jours après, voulant le placer plus directement sous les yeux des académiciens, et avec des développements que la recommandation académique d'une concision extrême m'avait empêché de lui donner, je le livrai à l'impression, en le faisant précéder d'une lettre à l'Académie.

Cette publication, destinée presque uniquement aux académiciens, était sous presse vers les premiers jours du mois de septembre, lorsqu'elle fut suspendue par un événement que j'étais loin de prévoir. La désertion se mit rapidement à Paris dans un grand nombre d'ateliers de tous les genres d'industrie; plusieurs chefs d'imprimerie inquiets, menacés, arrêtèrent leurs opérations. Les ouvriers de presque tous les corps d'état formèrent des attroupements, se proclamèrent mécontents des conditions sociales de leur existence, demandèrent avec plus de chaleur que de déférence qu'elles fussent améliorées. Les directeurs de leurs travaux ne voulant ou ne pouvant y consentir, on eut à redouter des perturbations violentes; et bientôt un meurtre sauvage justifiant ces craintes, il fallut, à l'aide d'un appareil formidable, étouffer le danger.

A la même époque une détermination politique très-grave venait d'être prise à Londres entre quatre puissances du premier ordre, et la France, soit volontairement, soit par exclusion forcée, était restée en dehors de cette détermination. Un tel acte, avec une telle circonstance, portait à craindre une guerre générale, et, dans l'état actuel des mœurs, des idées, des relations commerciales entre tous les peuples du globe, une guerre générale montrait comme inévitables tous les genres de bouleversements et de malheurs.

On ne pouvait douter des efforts que faisaient, pour les détourner, les hommes, en Europe, qui joignaient à de grandes influences sur les mouvements politiques, de la sagesse, de l'humanité, de la raison et des lumières. Mais, tout en prenant confiance en leur zèle et leurs intentions, il me semblait du devoir des citoyens assis aux rangs obscurs d'exposer leurs pensées, lorsqu'ils les jugeaient d'une opportunité pressante, lorsque, dans leur conviction réfléchie, elles pouvaient concourir à éclairer l'opinion générale sur ce que, dans une telle situation, il importait de faire, ou du moins de désirer, de projeter.

A cet égard, personne n'aurait pu écarter, comme indignes d'attention, les aperçus de l'homme qui a consacré sa vie à l'étude du système de l'univers; car il est de pleine évidence que les mouvements politiques, comme les mouvements planétaires, sont dominés par les lois de ce système; si un seul ordre de faits échappait à leur puissance, la nature serait sans ordre, sans règle, sans unité; il n'y aurait, dans l'espace, qu'un chaos éternel.

Je songeai donc à acquitter ma dette de

citoyen dans le sens des travaux de ma vie. Et comme le Mémoire que je venais de lire à l'Académie résumait quelques-uns de leurs résultats principaux, comme, de plus, les conclusions essentielles de ce Mémoire se trouvaient à l'origine première de tous les actes généraux, de tous les motifs, de toutes les épreuves, qui déterminent les mouvements des peuples, je ne pouvais mieux faire que de donner ce Mémoire même pour introduction fondamentale à l'ouvrage de politique générale que j'allais entreprendre. Sachant d'ailleurs que, dans le plan de l'univers, l'action politique n'est autre chose que le degré le plus élevé, le plus compliqué, de l'action universelle; que, par conséquent, parmi les faits de l'ordre le plus simple, de l'ordre physique, il en est nécessairement d'une telle analogie avec les faits de l'ordre politique, que ceux-ci tirent, par anticipation, de l'explication positive des premiers, leur propre explication positive, j'ai cru devoir placer, entre mon Mémoire fondamental et les inductions politiques qui en découlent, un chapitre de transition, exposant l'explication de faits physiques connus de tout le monde, et, de plus, d'une analogie frappante avec les faits dont la science politique se compose.

C'est à la suite de ce Mémoire fondamental, et de la transition qui en procède, que j'ai pu entrer avec clarté, avec facilité, dans le sujet si étendu, si important, que j'ai osé aborder. Alors a commencé mon ouvrage; tout ce qui a précédé en a été la préparation. C'est pour cela que j'ai cru pouvoir ne donner à cet ouvrage qu'un titre politique et philosophique.

Je l'avouerai d'ailleurs : si j'avais annoncé que le lecteur trouverait d'abord, aux bases de l'édifice, un Mémoire de physique, et, au premier étage, encore un chapitre de physique, j'aurais craint qu'il ne fût d'avance refroidi, ou même rebuté. La physique, aujourd'hui, a cessé d'être, pour le commun des hommes intelligents, une science attrayante. Celle des Écoles n'attachant de l'intérêt qu'aux faits élémentaires, répudiant avec un soin presque fanatique l'esprit d'ordre, de liaison, d'enchaînement, en un mot de système, a fait ainsi une sorte de divorce avec la faculté la plus active, la plus noble de l'esprit humain. Celui-ci s'est vengé de cette réprobation aveugle, en passant à l'excès opposé, en dédaignant à son tour la physique élémentaire, en ne la considérant que comme un fatras assommant d'insipides expériences et de maussades calculs.

Cette prévention, sinon pleinement injuste, du moins très-exagérée, expose aujourd'hui à un abandon fatal la science cependant la plus nécessaire, la science qui est la base première de toutes les autres. Il est donc pressant de lui rendre de l'attrait, c'est-à-dire de l'ordre, de la simplicité, de la clarté; ce qui ne pourra être obtenu que par l'entremise du Principe qui éclaircit tous les faits, parce que seul il les unit et les explique. On va voir, par le début de mon livre, combien cela lui sera facile.

Mais cette entremise du Principe universel n'étant encore en œuvre soutenue que dans le système que je présente, et se trouvant, pour peu de temps sans doute, encore bannie des Écoles scientifiques, le désordre et l'obscurité se maintiennent dans la physique et dans toutes les sciences que l'on y professe; ce qui, dans l'opinion commune, maintient la prévention et le dégoût.

Voilà ce qui me justifie de n'avoir donné à mon ouvrage qu'un titre incomplet; j'ai évité ce qui aurait pu en faire un titre répulsif. D'avance le lecteur n'aurait pu savoir combien la physique qui découle du système universel diffère essentiellement de celle qui, même par système, repousse tout principe général, marche au hasard, sans lien et sans but. Cette différence est d'ailleurs reconnue par ceux mêmes des savants qui résistent le plus à l'adoption formelle de mes pensées. Tous se plaisent à dire que leur exposition est toujours d'une parfaite clarté. Et qu'est-ce que la clarté, sinon le vêtement de la vérité?

Tel sera, je ne crains pas de l'annoncer, tel sera, aux yeux de tout lecteur impartial et judicieux, le caractère, non-seulement de la partie fondamentale et scientifique du livre que l'on va lire, mais encore de sa partie politique et philosophique. Je n'ai jamais qu'un guide dans les compositions auxquelles ma pensée s'abandonne : c'est le

Principe universel et son enchaînement, par les voies les plus simples, aux faits et aux êtres dont je cherche la nature, les rapports et la destinée. Lorsque je crois y être parvenu, et que je le dis avec bonne foi, avec confiance, il ne reste plus que deux moyens de démontrer que je me trompe : ou bien le Principe que je place à l'origine de tous les êtres, de tous les faits, n'est pas, en réalité, celui qui leur donne l'existence, ou bien je n'en ai fait l'application que d'une manière imparfaite. La première de ces deux sources d'erreur m'est impossible ; je l'atteste avec une certitude absolue. Le Principe du système que je présente est très-indubitablement le Principe de tous les mouvements dans l'univers. Quant à la seconde source d'erreur, quoique je ne néglige rien pour l'éviter, je suis loin de pouvoir toujours me le promettre, lorsque j'aborde des questions très-compliquées, sur lesquelles il peut me manquer plus ou moins de documents. Ce que je tâche alors d'éclaircir c'est un problème, encore indéterminé dans sa solution définitive, mais nullement indéterminé dans la marche qu'il faudra suivre pour le résoudre définitivement, lorsque tous ses éléments seront connus. De plus éclairés que moi dans ses conditions spéciales y parviendront, mais en prenant toujours, pour point de départ, le Principe universel. Leur avantage aura été de pouvoir en étudier les conséquences relatives à leur sujet avec une facilité et une précision qui m'auront manqué.

Que, dès ce moment, et pendant tout le cours de cet écrit, je sois donc toujours en paix avec le lecteur, quelles que soient les idées que je lui présente. Ma pensée est dans une situation semblable à celle du géomètre qui développe un théorème incontestablement démontré. En morale comme en physique, en politique comme en physiologie, l'autorité la plus puissante, la plus étendue, l'autorité première et universelle, l'autorité du Principe, commande à ma raison par les ordres qu'au jugement de ma raison même, elle donne à la nature. Et, pour prendre confiance en ma raison, je lui ai imposé la loi de ne se laisser satisfaire, dans tous les détails de l'explication universelle, que par l'unité du Principe, embrassant chacun de ces détails avec le plus possible, d'ordre, de gradation, de simplicité. La Vérité, en effet, objet de toutes les recherches de l'intelligence humaine, est nécessairement une dans son ensemble, puisque, par son ensemble, elle doit représenter l'univers. Il n'y a donc qu'une seule route, un seul procédé, qui puissent conduire à l'établir.

A l'époque actuelle, cette route, ce procédé, vont se mettre, sur toutes les questions, à la disposition de l'Esprit humain, car c'est uniquement le Principe qui a le droit et le pouvoir d'en diriger la solution, puisque seul il amène l'existence de tous les faits, de tous les êtres, seul détermine tous leurs rapports, seul fait le lien de toutes leurs parties.

Cet élément fondamental de tout raisonnement positif ayant manqué jusqu'ici, les philosophes de l'esprit le plus étendu, le plus réfléchi, le plus judicieux, lorsqu'ils s'occupaient des questions complexes, surtout des questions de morale ou de politique, les plus complexes de toutes, ne pouvaient concevoir que des pensées vagues, confuses, incomplètes. Cependant comme l'homme demande, pour les mouvements de son intelligence, des idées stables, ainsi qu'il demande un sol affermi pour les mouvements de son corps, les ébauches spéculatives produites, de temps à autre, par les hommes puissants d'éloquence et de génie, recevaient de l'entraînement commun une sanction dogmatique, qui leur donnait, pour plus ou moins de temps, une profonde autorité.

Mais ces dogmes, à la faveur même du repos qu'ils procuraient aux sociétés humaines, étaient examinés; la raison les attaquait; la foi, l'habitude, les soutenaient; et l'intérêt personnel, soit d'amour-propre, soit de position, fortifiait de tout son pouvoir les résistances de la foi et de l'habitude. Le combat durait plus ou moins de temps, et avec alternatives plus ou moins soutenues de triomphe, de défaite. Mais l'issue ne pouvait en être incertaine. La vérité, histoire de la nature, ne peut succomber; et la raison, dans l'homme, c'est le sentiment de la vérité.

De combats en combats, de succès en succès, la raison en est venue, chez les principales sociétés humaines, à éteindre toute pensée dogmatique. Que voyons-nous spécialement en France, et c'est la tête de l'espèce humaine? On y a rejeté tout ce que nos pères adoptaient, tout ce qui réglait, à leurs yeux, la morale publique et la morale de l'individu; chaque Français aujourd'hui est l'unique arbitre de ses doctrines; chacun en institue chaque jour de nouvelles qui diffèrent de celles de ses concitoyens, et que, le lendemain, lui-même abandonne, ou du moins dont il ne parle qu'avec indifférence et comme s'il n'y tenait pas. Pourquoi cette versatilité, cette inconsistance? Est-ce uniquement mobilité de caractère? Non: la mobilité de caractère ne disperse que les affections; elle n'agit point sur les croyances. Un mathématicien pourrait être un homme de mœurs très-légères, il ne resterait pas moins attaché de conviction aux vérités de l'ordre mathématique, parce qu'elles lui seraient démontrées, parce qu'elles seraient pour lui d'invincibles, d'éternelles vérités.

C'est de même aujourd'hui la sanction

d'une démonstration parfaite qu'il faut aux idées spéculatives, pour qu'elles soient conservées, et qu'à ce titre elles donnent aux actions hnmaines une règle qui les dirige. Jadis l'enfant, le jeune homme, recevaient leurs croyances toutes faites de l'exemple de leurs parents, de la parole de leurs instituteurs. Et, à l'origine première de ces croyances, que montrait l'histoire? encore l'exemple et la parole d'hommes vénérés, admirés. Aujourd'hui tout homme, tout jeune homme, examine, discute, et non seulement les idées qu'on lui présente, mais celles que lui-même conçoit. Et comme aujourd'hui, à peu d'exceptions près, tout homme, tout jeune homme, a de la raison en même temps que de l'intelligence, il ne peut refléchir un instant sur les idées spéculatives qui lui viennent, soit d'autrui, soit de lui-même, sans en être mécontent. A toutes, il manque quelque chose qu'il ne peut définir, et quelque chose qu'il sent être de première importance. Aussi nul homme, même le plus éclairé, le plus éloquent, ne fait de prosélytes à ses pensées spéculatives, parce qu'il ne peut donner à l'expression d'aucune, cet accent ferme et animé qui frappe et entraîne, l'accent d'une pleine et entière conviction.

Les temps de toute autorité de l'homme sur l'homme sont donc finis; et c'est ce qu'il fallait pour que les temps d'autorité de la vérité positive sur l'intelligence humaine pussent commencer à s'établir. Désormais le chef de l'humanité pensante ne peut plus être qu'une idée existant par elle-même, mais une idée chef de toutes les idées, une idée enlaçant toutes les idées par le lien d'une subordination graduelle, une idée tellement simple, tellement évidente, qu'elle soit admise sans hésitation par toutes les intelligences, et, en même temps, tellement étendue, tellement usuelle, que chaque individu se sente appelé à la développer, à la démontrer, à indiquer les applications que chaque jour il en découvre. Alors l'unité parfaite régnera sur la variété indéfinie, en secondera les mouvements réguliers, en préviendra les divagations.

Cette idée, on va la connaître; et elle va se montrer enchaînant à sa puissance assez de faits de l'ordre physique, de l'ordre physiologique, de l'ordre moral et de l'ordre politique, pour que nul homme réfléchi ne puisse douter qu'elle ne porte dans son sein tous les genres de faits, tous les genres de vérités, que par conséquent elle ne soit destinée à mettre d'accord ensemble toutes les opinions humaines.

Mais quel rapprochement viens-je de faire? de très-bons esprits pourront en être étonnés. Enfermer sous la même dépendance, sous une explication partant d'une base commune, tous les faits de l'ordre physique, de l'ordre physiologique, de l'ordre moral et de l'ordre politique! cela est-il possible? y a-t-il quelque connexion, quelque point de contact entre la physique et la morale, entre la politique et la physiologie?

La réponse est facile. Il y a, entre tous les faits qui s'exécutent au sein de l'univers, une contiguïté immédiate, mais progressive, qui, sous l'autorité et par le lien du principe universel, les conduit graduellement, et sans lacune, du fait physique le plus simple à l'acte moral ou politique le plus compliqué, en passant par la chaîne immense, et jamais interrompue, des actes physiologiques. Voilà, en premier lieu, ce que la science de notre siècle, en héritant des travaux de tous les siècles, et en y joignant les siens, a révélé, démontré à l'esprit humain.

En second lieu, voici ce qui est encore plus d'expérience et de science universelle. Nul homme n'éprouve un sentiment, profond ou léger, doux ou pénible, qui, à l'instant même de l'épreuve, et pendant toute sa durée, ne se signale en lui par un mouvement intime de tous les éléments de son être ; et ce mouvement correspond exactement, par son caractère et son intensité, à l'intensité et au caractère du sentiment éprouvé; il en est, par conséquent, l'indication précise; il lui sert, non-seulement de mesure, mais, pour ainsi dire, de traduction littérale et scrupuleusement exacte. Ce mouvement vital, régulier ou irrégulier, conservateur ou destructeur, peut toujours être observé, défini, décrit; il entre par conséquent dans le domaine de la science physiologique ; et il y conduit l'*acte moral*, le *sentiment,* dont il a été le compagnon fidèle.

Or, partout où il y a mouvement, de quelque nature ou intensité que ce puisse être, il y a exercice du Principe, et partout où le Principe s'exerce, c'est conformément aux lois qu'il a reçues. Partout où il y a acte *moral* produit, il y a par conséquent un des faits dont le système universel se compose ; et ce fait, nous pouvons, nous devons même l'enregistrer, le classer scientifiquement d'après la connaissance qui nous en est donnée par ce que nous avons appelé sa traduction scrupuleuse.

Il en est de même de tous les actes des peuples. Tous sont la traduction extérieure, visible, directement observable, et très-exactement fidèle, des sentiments dont ces peuples sont affectés. Tous se résolvent en mouvements, par conséquent en sujets du Principe, en tributaires de ses lois. Tous appartiennent à la science humaine ayant pour objet la connaissance du système universel.

C'est ici le lieu de définir avec précision cet objet de la science humaine. Platon disait, au nom de Socrate : Il y a, dans la nature, une *force motrice* qui agite la matière, et une *intelligence* qui dirige cette force.

Telle est, en effet, la première idée générale que la contemplation de l'univers suggère à l'homme réfléchi.

Mais l'homme réfléchi qui a conçu cette première et grande idée ne peut pas s'arrêter là ; il essaye de la développer, de la comprendre; son premier soin est d'étudier la nature qui l'environne, et puisqu'elle est animée par une force motrice, il sent le besoin de chercher quel est le mode d'existence et d'action de cette force, quelle distribution elle a donnée à la matière, quel ordre elle a imprimé à ses mouvements.

Si l'homme réfléchi est parvenu à acquérir cette connaissance; si, pour cela, il a recueilli et ordonné, dans sa pensée, toutes les observations, toute l'expérience de son siècle et des siècles antérieurs, il a élevé en lui-même tout l'édifice scientifique dont l'intelligence humaine peut entreprendre la construction. Là est l'horizon entier de la science qui, pour l'esprit humain, peut devenir certaine, positive.

Mais au delà et autour de ce noyau ferme, solide, circonscrit, comme le globe que l'homme habite, est une atmosphère à limites indéfinies, dans laquelle l'imagination humaine peut s'élancer; et, au sein de cette atmosphère radieuse, attrayante, elle aime à poursuivre, comme à vol d'oiseau, la connaissance de cette intelligence suprême qui a dirigé l'emploi de la force motrice, de cette faculté de sentir qui a donné à l'homme la conscience de cet emploi. Comme l'oiseau, l'homme, sans appui dans ces régions vagues et aériennes, les traverse d'un mouvement rapide; en peu de moments, il embrasse de grands espaces; mais jamais il ne s'y arrête. Tout haletant de sa course, de ses aperçus, de ses jouissances, il est contraint, pour se reposer, de se rabattre sur la science expérimentale et positive; là seulement il reprend terre et haleine.

On peut considérer l'ordre d'idées attrayantes, indéfinies, dont se compose la Philosophie platonique, comme cette atmosphère de la science positive; mais il ne faut point la séparer de la base affermie sur laquelle elle repose; surtout il ne faut pas jeter dans son domaine aérien ce qui est essentiellement du domaine terrestre. Dans celui-ci sont compris tous les faits susceptibles d'appréciation expérimentale; et tels sont au terme fondamental, au terme le plus simple, tous les faits de l'ordre physique; au terme intermédiaire sont placés tous les faits de l'ordre physiologique, au terme supérieur tous les faits de l'ordre idéologique, et ceux-ci ayant encore pour couronnement les faits de l'ordre politique.

Voilà ce que, d'avance, la raison de l'homme envisage comme devant être le plan de l'univers. J'ai taché d'exposer et de développer ce plan dans plusieurs de mes ouvrages. Celui que l'on va lire est spécialement consacré à montrer que le couronnement de la science graduelle, positive, universelle, est formé par les faits de l'ordre politique.

Ceux qui, en ce moment, occupent si vivement notre attention, ceux qui, pour tous les habitants de l'Europe, ont un intérêt actuel si pressant, doivent fournir, au degré le plus marqué, la démonstration de cette communauté de législation graduelle entre tous les genres de faits.

C'est ce qui m'a entraîné à les saisir, persuadé qu'en les expliquant par le Principe, et à la suite, ou même comme corolliares d'un mémoire de physique, je montrerais aux hommes attentifs et judicieux que le système qui embrasse et met en liaison, en harmonie, les deux extrêmes de la science humaine, la physique et la politique, est nécessairement le système de la vérité.

TOUT EXPLIQUER, C'EST TOUT UNIR.

POST-SCRIPTUM.

16 octobre.

A l'instant où je termine cette introduction, les journaux viennent m'apprendre que le Roi a échappé hier à la fureur d'un assassin. C'est le cinquième.

De tels événements commencent par frapper de stupeur. Presque aussitôt ils provoquent les réflexions les plus graves.

Il existe donc encore dans l'âme humaine une faculté de fanatisme! Ne semblait-elle pas éteinte? en France surtout?

Non; elle ne l'était pas Depuis. un demi-siècle elle n'a fait que changer d'objet.

Qu'est-ce donc que le fanatisme? C'est, dans une âme passionnée, un état permanent d'erreur profonde. Tel il fut en métaphysique religieuse; tel il se montre encore en métaphysique politique.

Que dans une âme ardente, et elles sont communes en France, se compose un jugement profondément faux sur une institution essentielle; que ce jugement faux y pousse des racines opiniâtres; que sans cesse démenti par l'expérience, puisqu'il est profondément faux, il cause à l'homme qui l'a conçu un tourment qui, à la fois, le mortifie et le dévore, qui l'enflamme d'irritation contre des actes salutaires, et de haine contre des hommes qui mériteraient son amour; voilà un fanatique très-malheureux et très-dangereux, surtout si, comme un Lamennais, il joint à une conviction sincère un grand talent d'écrire.

Et de ce Lamennais lui-même transformez le tempérament, éteignez sa passion, et laissez-lui son erreur, celle-ci sera calme et innocente. Réciproquement, qu'il reste susceptible de sentiments enflammés, mais que son erreur se dissipe, et vous aurez un homme dont la chaleur sera heureuse de s'appliquer à de très-beaux mouvements.

A l'époque actuelle, où le sang bouillonne, et où la métaphysique politique est l'occupation continue d'un immense nombre d'intelligences jeunes, naïves, susceptibles d'ardeur et de prestige, il suffit d'une erreur nébuleuse et capitale, par exemple du dogme si obscur et si faux de la souveraineté du peuple, mis en œuvre, et de bonne foi, par des sophistes éloquents, il suffit d'un tel brûlot lancé à travers une masse impétueuse d'âmes combustibles, pour y allumer le feu impitoyable du fanatisme; et alors, pour la société entière, quelle menace d'explosions terribles, de délires effrayants!

Ce sont des idées de ce genre étourdissant qui ont conduit à une démence fatale, Barbès, Alibaud, et leurs grossiers imitateurs, Meunier, Darmès. Ceux-ci peut-être, le dernier surtout, tombés dans une férocité stupide, à force d'exaltation, de brutalité et d'ignorance, n'auraient pu en revenir. Mais je le dis avec persuasion, il est tel des raisonnements vrais et simples indiqués par la loi universelle, qui, placés sous les yeux d'Alibaud ou de Barbès, dans un de leurs moments de réflexion, eussent adouci dans leur âme l'âcreté du mécontentement, désarmé leur bras, prévenu leur crime. Il y a quelquefois si près d'un homme fier et injustement exaspéré, à ce même homme, encore fier, mais désabusé et tranquille!

Un coup de raison généreuse peut si rapidement remplacer, en lui, un coup d'orgueil et de passion! Et d'où peuvent jaillir, vers le cœur de l'homme, les coups de raison généreuse, si ce n'est de la vérité? Elle est si pacifique, si conciliante!

Directeurs des peuples à notre époque de fermentation, rassemblez contre elle toutes les armes de la force, tous les boucliers de la prudence; mais songez que la fermentation des idées fausses s'exalte par les malheurs de leurs apôtres. Que gagnaient les Empereurs de Rome aux supplices des chrétiens? On n'intimide pas le fanatisme.

Et on ne le désarme point par la clémence, parce que, sorti de toutes les voies de la raison, de l'humanité, de la justice, il se fait, des fureurs qu'il médite, un devoir sacré, et de la célébrité effrayante une ambition héroïque!

Erreur! erreur profonde, erreur terrible! C'est là surtout ce qu'il y a de réel et de monstrueux dans le fanatisme.

Ah! puisque vous ne pouvez amortir le tempérament passionné de vos jeunes contemporains, et que vous ne le voudriez pas lors même que vous en auriez la puissance, hâtez-vous de substituer des vérités positives, des vérités susceptibles de démonstration, aux paradoxes insidieux qui les poursuivent, les poussent, les précipitent vers de désastreuses erreurs.

Songez encore que, dans l'ordre des choses nécessaires, où le faux est si funeste, il ne suffit pas de le combattre, de le détruire même, il faut le remplacer par le vrai, se rapportant à ce même ordre de choses dont tout le monde sent la nécessité. Si vous laissez les jeunes âmes dans le vide, d'autres erreurs non moins funestes viendront bientôt les envahir; vous n'aurez fait que transformer le trouble et le danger.

Et nous l'avons dit: l'erreur a mille faces, la vérité ne peut en avoir qu'une; c'est, pour l'ensemble des choses, l'unité de Principe embrassant avec ordre l'universalité des effets; c'est, pour chaque effet, son enchaînement clair et démontré à l'action du Principe.

Si, dans l'œuvre que je vous présente, cette condition générale et cette condition particulière se trouvent remplies, c'est la vérité universelle et les vérités de détails qu'elle établit, c'est par conséquent l'ordre et le calme qu'elle est chargée de porter, même dans les âmes les plus vives ; c'est le fléau du fanatisme qu'elle est chargée d'éteindre à jamais dans tous les lieux occupés par l'humanité.

Hommes judicieux, prenez et lisez ; mais dans l'ordre que j'ai tracé, afin que votre conviction arrive.

A MESSIEURS

DE L'ACADÉMIE DES SCIENCES.

Histoire générale de la science humaine. — A quel terme aujourd'hui elle est arrivee. — Son objet actuel ; sa destinée.

Messieurs,

J'ai l'honneur de remettre sous vos yeux le Mémoire dont vous m'avez permis de vous donner lecture. L'intérêt avec lequel vous l'avez écouté, et l'importance du sujet m'autorisent à penser que vous serez satisfaits de pouvoir en faire vous-mêmes une lecture attentive.

Mais comme, à la suite de la séance où j'ai été entendu, j'ai eu des conversations détaillées avec quelques-uns d'entre vous, Messieurs; comme mes honorables interlocuteurs ont continué d'exprimer la seule résistance que je rencontre, résistance qui ne porte pas sur le fond des pensées que j'expose, personne ne les combat, mais sur l'opportunité de leur exposition, l'esprit humain, me dit-on, n'étant pas encore préparé à l'accueillir, je crois devoir résumer ici ma réponse à ce genre d'objection, qui, malgré sa faiblesse, fait impression sur un assez grand nombre de nos contemporains. Je vais essayer de tracer l'histoire générale de la science.

L'esprit humain, Messieurs, est destiné à connaître la nature; c'est le but ultérieur et constant de toutes ses facultés. Tout homme intelligent observe, étudie, même sans y songer, les faits élémentaires avec lesquels il se trouve en commerce immédiat et matériel; il en acquiert les idées; presque aussitôt il cherche les rapports réciproques de ces idées élémentaires; il les combine en lui-même avec plus ou moins de justesse. Lorsque ses conceptions intérieures, trop peu nourries de documents positifs, ne lui donnent point le plaisir de la clarté, de l'évidence, de la certitude, il s'en dédommage en poursuivant le vague, en créant l'imaginaire; il enfante des pensées plus ou moins mêlées de vérités et d'erreurs; il les verse ensuite, par le langage ou l'écriture, dans la pensée commune; et là elles se modifient; quelques-unes s'étendent, se perfectionnent, d'autres s'affaiblissent ou se dissolvent; le sort de chacune, dans un avenir quelquefois rapproché, quelquefois éloigné, est fixé par sa mesure de vérité.

Ainsi se forme progressivement la science usuelle de l'humanité; et c'est la plus importante; c'est même la plus abondante; aussi elle est l'œuvre des hommes de toutes les classes, de toutes les nations, de toutes les capacités, de toutes les générations.

Quant à la science proprement dite, celle qui, dans le cours de chaque génération, dans le sein de chaque peuple, n'est l'apanage que d'un petit nombre d'hommes qui ont de l'intelligence et du loisir, celle-là, dont les résultats, vrais et utiles, finissent par se répandre aussi dans la masse générale de l'humanité, celle-là est formée progressivement par les travaux combinés des hommes qui la cultivent. De ces hommes, véritables chefs de l'espèce humaine, les uns se livrent spécialement à l'étude de tous les genres de faits susceptibles d'observation directe; d'autres méditent avec attention sur les rapports qui les unissent; d'autres encore cherchent avec ardeur les causes qui les produisent ; quand ils ne les découvrent pas, ils imaginent celles qui, à leur jugement, pourraient les produire. Par ces créations, qui les passionnent, ils rencontrent quelquefois le vrai, d'autres fois ils le traversent, et, par cette voie de l'excès, tombent dans l'erreur. D'ordinaire, ces hommes sensibles, généreux, éloquents, avides de suffrages, attachent un nombre plus ou moins considérable de leurs contemporains à leur destinée, à leurs pensées, à celles surtout dont les bases ne se prêtent point à l'examen, mais dont l'expression se prête à l'enthousiasme. C'est ainsi que, chez les peuples encore simples, se fondent, pour plus ou moins de temps, des erreurs dogmatiques qui, avant de succomber, avant de disparaître, excitent des dissensions bruyantes, et servent indirectement la science positive, parce qu'elles impriment de l'ardeur à l'étude des vérités qui les combattent, et de la sagacité, de l'opiniâtreté à la dialectique de la raison.

A cette cause générale d'oscillation dans le progrès scientifique viennent quelquefois se joindre des circonstances dont l'action est puissante. Voici la plus remarquable de ces circonstances ; son effet se montre encore.

Au seizième siècle, en Europe, la science expérimentale était encore au berceau, et cependant l'intelligence humaine, commençant à secouer les chaînes du moyen âge, prenait une audace véhémente, presque incompatible avec l'étude et la réflexion. Elle se jetait en aveugle sur tous les sujets de nature mystérieuse, et, irritée de ne pouvoir les comprendre, elle les immolait aux plus téméraires conceptions. Entre tous les hommes d'une âme vive, c'était une émulation de créations fantastiques ; chacun avait la sienne, qu'il préconisait avec fanatisme, tout en jugeant très-bien l'absurdité de celles d'autrui. Jamais, dans l'esprit humain, il n'y eut plus d'ardeur et d'ignorance, plus de désordre et moins de raison.

Un tel genre d'anarchie ne pouvait tarder à se rendre intolérable. La fatigue en devenait générale, lorsque Bacon invoqua, à grands cris, le culte de l'expérience : regardons, dit-il, étudions, observons ; nous raisonnerons après.

Mot de bon sens, mot de génie, qui devait faire révolution. Mais une révolution, dans quelque ordre de faits que ce puisse être, n'est jamais que le remplacement d'un mouvement exagéré par un mouvement en sens contraire, qui, s'il est de nature douce, pacifique, compense ce qui lui manque en vivacité par l'opiniâtreté de sa durée. L'impulsion salutaire donnée par Bacon s'est prolongée jusqu'à nos jours; elle a ainsi dépassé, par sa permanence, la mesure des besoins qui l'avaient fait naître. L'habitude de se défier de l'esprit qui rassemble et coordonne, de l'esprit systématique, de n'avoir foi qu'en l'expérience, s'est invétérée à la manière des dogmes consacrés. Elle a entraîné des hommes très-recommandables par leurs intentions et leur savoir à ne jamais chercher et accueillir que des faits élémentaires, résolution qui, si elle était généralement suivie, anéantirait bientôt toute science, en conduisant l'esprit humain à s'en dégoûter. Réduire en effet tout le progrès scientifique à un entassement indéfini des faits isolés, à un amas incohérent d'effets sans cause, élever sans but une montagne informe de matériaux dont on ne verrait jamais que la surface, et dont les parties intérieures, cachées, enfouies, seraient livrées à une destruction inévitable ; en un mot, toujours porter, sur le chantier de l'édifice, des moellons, des madriers, et ne jamais construire, ce serait prendre vainement une peine accablante ; il serait plus simple, plus raisonnable, de laisser les moellons dans la carrière, et les madriers dans la forêt.

Construisons, Messieurs, il en est temps ; imitons la nature ; dans aucune de ses œuvres elle ne s'arrête. Voyez cet arbre ; quel beau fruit il vous présente ! et vous en savez l'histoire ; le mouvement qui le produit a succédé graduellement, sans lacune, aux mouvements qui ont amené progressivement la croissance, le développement, la floraison du végétal.

L'âge de maturité est venu pour l'intelligence humaine ; notre grande révolution le démontre ; et l'explication de l'univers est l'immense fruit qu'elle doit produire ; sa floraison est terminée.

Expliquer l'univers, ce sera concevoir et exprimer une pensée qui le représente, qui, par conséquent, développée dans toute son étendue, forme un système enchaînant avec ordre, à l'action d'un seul principe, tous les êtres, tous les faits, tous les rapports; car c'est ainsi que l'univers existe. D'où il suit que s'il est aujourd'hui une œuvre humaine qui soit parvenue à lier par cette solidarité systématique tous les êtres, tous les faits, tous les rapports dont l'univers se compose, cette œuvre humaine est nécessairement la copie de l'œuvre universelle; elle est nécessairement la traduction, en langage humain, du système universel.

Disons maintenant que dans toute construction il y a les parties fondamentales et les parties accessoires; dans un édifice, par exemple, l'ensemble est tracé, fixé, par les bases, les murs d'enceinte et les distributions principales; il reste les détails intérieurs qui peuvent être placés à loisir, que même il est avantageux de préparer à l'extérieur dans les divers ateliers dont l'architecte dispose. Chacun de ces objets n'entre ensuite dans l'édifice que pour être casé sur-le-champ au lieu qui lui est consacré; l'édifice se complète, se termine, sans rien changer au système primordial, en s'y conformant au contraire.

Voilà, dans ma persuasion, l'image du système que je présente. Fondé sur le principe unique de tous les mouvements, lié dans toutes ses parties par leur réciprocité exacte d'action et d'influence, indéfiniment varié dans ses détails, et cependant toujours un par l'analogie soutenue de leurs conditions respectives, il explique déjà tous les faits, simples ou composés, dont l'esprit humain a acquis la connaissance; et, s'il est encore, en dehors de l'édifice, des faits particuliers que la science expérimentale poursuit, élabore, sitôt que l'investigation en sera terminée, ils viendront d'eux-mêmes s'assortir à l'œuvre générale, se placer sous l'action exclusive de son principe et de ses lois. S'il en était autrement, si un seul fait, de physique ou de physiologie, de chimie ou d'astronomie, d'économie sociale ou de politique extérieure, si un seul fait, inconnu aujourd'hui, découvert, étudié, constaté demain, venait se montrer inconciliable avec le système, il suffirait pour le démolir.

Mais c'est ce que je ne puis craindre. Le

système que je présente est déjà assez avancé en applications pour attester que son Principe est celui qui conduit la nature, et que son développement aura toujours, pour caractère essentiel, *l'unité de cause embrassant l'universalité des effets.* Par conséquent, loin de pouvoir jamais être ébranlé par les découvertes que l'Esprit humain poursuivra longtemps encore, il s'en affermira sans cesse, et, de plus, il les guidera, il les facilitera.

Si cette opinion était la vôtre, Messieurs, et si vous la proclamiez, quelle récompense pour mes travaux, quelle consolation pour ma vieillesse !

Espérons! A l'âge de maturité sociale, il y a plus d'hommes calmes et justes que d'hommes prévenus et passionnés.

Pour fournir à votre examen un texte précis, il me suffisait, Messieurs, de détacher du système quelques questions majeures, et d'en mettre la solution sous la dépendance du Principe. L'année dernière, je vous ai présenté l'explication de la *chaleur* et de la *pesanteur ;* ce sont les deux phénomènes fondamentaux. Cette année, j'ai choisi un Fait moins simple, mais plus multiplié dans la nature, celui qui, sous le titre d'*affinité*, ou *puissance de combinaison*, détermine toutes les aggrégations moléculaires, qui, par conséquent, est l'acte producteur de toute la chimie organique et inorganique. Connaître avec exactitude tous les procédés de combinaison qui s'opèrent dans la nature, ce serait en effet se rendre raison de tous les genres d'actes chimiques; aucune combinaison ne pouvant se produire sans être préparée ou accompagnée par un acte d'analyse qui lui soit exactement correspondant.

Mais, vous le savez, Messieurs; jusqu'ici cette connaissance précise du mode d'action selon lequel s'effectuent tous les actes chimiques, soit d'analyse, soit de combinaison, a resté enveloppé d'épaisses ténèbres. En ce moment même les observateurs les plus attentifs, les plus dignes de confiance par leur sagacité et leur zèle, sont très-divisés sur cette importante question. Et qu'il me soit permis de le dire, c'est parce qu'ils n'en cherchent la solution que dans l'expérience directe, sans admettre à leurs méditations l'expérience latérale, toujours utile cependant, quelquefois si lumineuse. Je m'explique.

Il est, dans la nature, un Fait de généralité absolue, qui entre nécessairement dans l'histoire particulière de tous les faits particuliers, qui par conséquent en éclaire l'étude et en complète la connaissance. Ce Fait général est l'*Analogie*. Il n'est point d'être, point de mouvement, point de phénomène qui n'ait ses analogues, d'abord immédiats, c'est-à-dire participant d'une manière immédiate à son origine, à son mode d'existence; il a ensuite ses analogues éloignés, et dont la distance augmente graduellement jusqu'à ce que toute similitude cesse d'être sensible. C'est là une des conditions essentielles du Plan universel; c'est celle qui met, dans l'unité, la gradation continue.

La Physique moléculaire, la Chimie, a un analogue immédiat très-soutenu et très-marqué, c'est la *Musique*. Le Musicien compositeur ne fait jamais que combiner ensemble des sons, mis préalablement à sa disposition par un acte d'analyse qui leur a donné l'indépendance. Cette faculté d'analyse, de combinaison, qui, évidemment, ne peut s'exercer qu'entre des corps, atteste, comme le célèbre Lamarck l'avait très-bien vu, que chaque son est un corps moléculaire distinct, ayant tous les caractères de l'existence propre et matérielle; il est lancé par rayonnement comme la lumière.

Toute combinaison musicale est donc une opération chimique, mais s'exécutant entre des corps beaucoup plus atténués, beaucoup plus mobiles, que ceux sur lesquels l'expérimentateur, nommé chimiste, opère dans son laboratoire. Ainsi, les lois de l'action chimique, et en chimie proprement dite, et en chimie musicale, doivent être absolument les mêmes, avec cette seule différence qu'en chimie musicale, elles sont nécessairement susceptibles d'une exécution beaucoup plus rapide, beaucoup plus précise, pour cette raison beaucoup plus facile à étudier, à connaître, à saisir.

Tel est, Messieurs, le raisonnement, à mes yeux plein d'évidence, qui m'a conduit à chercher dans la chimie musicale, dans l'Acoustique, l'explication radicale de tous les faits chimiques, et, par induction, celle de tous les actes d'analyse et de combinaison qui s'exécutent dans le sein de tous les êtres.

On sent en effet que la Musique, qui est l'art de mettre en harmonie les sons concurrents, et en liaison mélodique les sons successifs, doit être le type de l'art employé par le Principe universel pour mettre en ordre, en harmonie, en mélodie, tous les êtres, tous les rapports, tous les mouvements. C'est ce que, chez les anciens, Platon et Pythagore avaient pressenti.

J'ai développé cette pensée dans l'ouvrage que j'ai publié l'année dernière sous le titre de *Constitution de l'univers*, et que j'ai eu l'honneur, Messieurs, de vous offrir. Plus récemment, j'ai fait, de cette même pensée, la base du Mémoire, que je présente de nouveau à votre attention, et que j'ai le droit d'en croire digne, vos deux secrétaires, MM. Arago et Flourens, ayant ordonné qu'il fût imprimé dans le Compte-rendu de la séance.

Cette faveur, dont j'ai été reconnaissant,

m'encourage à espérer que bientôt sera levée l'excommunication dont l'esprit trop rigoureux d'observation élémentaire a frappé l'esprit de système.

La Vérité sans doute ne doit venir que par transition harmonique, puisque telle est la marche de l'univers; mais il faut bien qu'elle vienne. C'est à l'Académie des sciences à lui aplanir le chemin; et l'état incohérent de toutes les idées en Europe lui en fait aujourd'hui l'invitation pressante.

Désormais la Liberté et la Raison étant acquises par l'Esprit humain, la science seule peut y ajouter l'ordre et la liaison. La Science, c'est le flambeau de la vérité.

MÉMOIRE

SUR

L'AFFINITÉ, OU PUISSANCE DE COMBINAISON,

lu à l'Académie des sciences, le 10 août 1840.

Dans la nature, une seule Cause motrice produit tous les genres de mouvements. Cette Cause est l'Expansion. Par l'action constante et universelle de cette Force unique, chaque corps, quelles que soient ses dimensions et sa position dans l'espace, travaille sans cesse à étendre toute sa substance sur un espace plus grand, par conséquent à écarter les corps qui l'environnent. Mais, à son tour, il est soumis, par sa surface, à la réaction, également expansive, de ces corps environnants. En sorte que l'Expansion, considérée dans l'ensemble de l'univers, y tient sans cesse en exercice deux actes généraux, balancés l'un par l'autre, l'un ayant pour but de dilater chaque corps de son centre vers sa circonférence, l'autre de condenser chaque corps de sa circonférence vers son centre;

le premier, source immédiate du phénomène de la *chaleur*, le second, source immédiate du phénomène de la *pesanteur*.

Entre ces deux phénomènes, les seuls immédiats et absolument simples, les seuls fondamentaux, se placent les phénomènes de constitution mixte, ou dans la production desquels les deux phénomènes fondamentaux interviennent à divers degrés d'influence. Parmi ces phénomènes de constitution mixte, l'*Affinité* est un des plus multipliés et des plus importants. Guidés par l'expérience et par le Principe, nous allons en donner la définition et l'explication.

Le mot *affinité*, adopté par les physiciens, est du genre métaphorique; il est emprunté aux penchants humains; mais sa justesse l'ayant consacré, l'ayant rendu technique, il montre combien la langue des sciences positives peut être figurée sans cesser d'être appropriée aux sujets qu'elle doit exprimer. Preuve simple et frappante de l'unité de la nature.

Pour le physicien, l'*affinité* est la *gravitation moléculaire*. Ainsi que la pesanteur, ou gravitation centrale, c'est une action réciproque entre les corps qui l'exécutent. Tel est leur trait essentiel de ressemblance. Mais cette action étant, comme nous l'avons dit, un phénomène de constitution mixte, elle a aussi des traits essentiels de ressemblance avec la chaleur; comme celle-ci, elle ne s'exerce qu'au contact, et elle est indéfiniment variable dans son intensité, tandis que la pesanteur n'amène le contact qu'après avoir commencé d'agir à plus ou moins de distance, et que, d'un autre côté, la pesanteur de tous les corps gravitant vers un même point, celle, par exemple, de tous les corps déposés à la surface du globe, est absolument la même. De plus, les corps pondérables, en s'atténuant, en se divisant, finissent par s'affranchir de l'action de pesanteur, par se rendre *impondérables*. Alors, au contraire, ils se prêtent plus efficacement à l'action de la chaleur et à celle de l'affinité.

La ténuité des corps est donc une condition nécessaire à l'exercice de l'affinité. Mais cette condition ne suffit pas, puisque, parmi les corps atténués au degré qui les rend impondérables, il en est qui sont ardents à se combiner, d'autres, au contraire, qui se délaissent ou se repoussent.

Quelle est, dans les corps moléculaires, cette condition d'existence qui, tantôt favorise leur gravitation réciproque, tantôt la rend plus ou moins difficile? Pour le trouver, assistons par la pensée à la première apparition d'un corps moléculaire impondérable, que nous savons être éminemment susceptible d'affinité.

Un globule de lumière, élaboré dans les entrailles du soleil, jaillit du sein de cet astre; c'est par expansion divergente qu'il est projeté; c'est, par conséquent, dans un état de dilatation qu'il arrive à l'indépendance. Mais, à l'instant précis de son évasion, il rencontre l'irradiation universelle, produit constant de l'Expansion générale, milieu à la fois permanent et mobile, parce qu'il est sans cesse renouvelé, parce que tous ses éléments, venus de tous les points de l'univers, sont sans cesse dans le mouvement croisé le plus vif, le plus rapide, et, pour obéir à l'Expansion, puissance nécessairement uniforme, tendent sans cesse à se distribuer uniformément dans l'espace; ce qui les entraîne à cerner, englober, presser, contracter toute la surface des corps qui viennent troubler leur uniforme distribution.

Mais le globule lumineux, foyer lui-même d'Expansion, comme tous les corps de la nature, et foyer très-ardent, se trouvant surpris par une contraction forte, subite, réagit subitement contre elle, se dilate au degré même de l'oppression qu'il vient de subir, refoule, à son tour, les agents de cette oppression, agents qui ne reculent un instant que pour revenir aussitôt à la charge, pour presser, contracter de nouveau le globule qui, de nouveau, réagit, se dilate, provoque encore la contraction, aussitôt la repousse..... en un mot, se constitue en état de *vibration* continue, qu'il conserve pendant toute sa route à travers l'espace, parce que là, et partout où il y a liberté, l'irradiation universelle pénètre, se croise, enveloppe tous les corps non encore réduits à la ténuité de ses éléments, les presse, les contracte, provoque leur réaction expansive.

Tout rayonnement subtil, traversant l'espace y est donc sans cesse en alternative de soumission et de domination avec l'irradiation universelle ; ce qui rend chacun de ses rayons intermittent. Ainsi se concilie la théorie de Newton, de Laplace, de Biot, sur la propagation de la lumière, avec celle d'Euler, de Fresnel, d'Arago ; elles sont vraies l'une et l'autre. L'émission des fluides subtils par voie de rayonnement, et l'ondulation, ou, plus exactement, la vibration continue de chacun de leurs rayons, sont deux faits inséparables.

Newton d'ailleurs, en observant, en calculant les *accès alternatifs de facile réflexion et de facile transmission de la lumière*, avait déjà donné la démonstration expérimentale et mathématique de son état constant de vibration. Postérieurement, le microscope a montré que cet état de vibration constante est également essentiel aux molécules détachées, par la macération, des fibres organiques, végétales ou animales, et aux débris des corps inorganiques, tels que le verre, le granit, le porphyre, fortement pulvérisés. Enfin, l'acte physiologique le plus important atteste que l'homme, et chacun des êtres vivants des espèces élevées, obéissent manifestement et sans cesse à cette puissance de vibration. Chacun, en effet, *respire*, c'est-à-dire alternativement se dilate, se contracte, et chacun s'est constitué être respirant comme le globule lumineux s'est constitué être vibrant; l'enfant humain, par exemple, jaillit du sein de sa mère expansivement, par conséquent en état de dilatation. Mais, dès l'instant de son évasion, il est cerné, pressé, contracté par le fluide atmosphérique; il crie, réagit, se met avec le fluide même en alternative permanente de soumission et de prépondérance.

Partout, dans l'univers, la pulsation périodique s'effectue, se soutient, imprime la *vie*, la caractérise. La vie est ainsi l'un des fruits essentiels, universels, de l'Expansion universelle; c'est le phénomène majeur de constitution mixte, sans cesse produit par le balancement continu des deux phénomènes fondamentaux, des deux actions primordiales, générales, dont l'une travaille sans cesse à dilater les corps, l'autre à les condenser, et qui, dans l'ensemble de la nature, se tiennent toujours en équilibre.

Ainsi s'éclaircit d'avance le plus important mystère. C'est maintenant le mécanisme de l'affinité qui va s'éclaircir. Nous allons entrevoir l'agent direct de la nutrition vitale, de la respiration vitale, de la génération vitale, de tous les actes organiques, qui, tous, sont des actes de vibration, des actes d'affinité. Observons et réfléchissons.

Tout corps moléculaire, disons-nous, vibre sans cesse. Mais l'amplitude de vibration des corps moléculaires est-elle universellement la même? Cela ne peut être; car la masse de ces corps est indéfiniment variée, et le Principe, ainsi que l'expérience, démontrent que moins un corps moléculaire a de masse, plus sa vibration doit être rapide, car son obéissance à l'expansion propre qui le dilate, et à l'expansion étrangère qui le contracte, ne peut être que d'autant plus prompte qu'il a moins de matière à offrir à cette double impulsion. On voit aussi que tout corps élastique de dimensions appréciables, tout tuyau d'orgue, par exemple, que la percussion du souffle qui le traverse rend sonore, vibre avec une vitesse qui s'accélère proportionnellement à la diminution que l'on fait éprouver à sa longueur ou à son diamètre.

Répétons maintenant que la Force unique

et universelle, que l'Expansion, est nécessairement, par elle-même, une puissance uniforme dans son action; par conséquent, elle tend sans cesse à distribuer uniformément dans l'espace la matière et le mouvement. Nous voyons aussi que l'eau et tous les liquides, l'air atmosphérique et tous les gaz, le calorique et tous les fluides subtils, travaillent sans cesse à occuper uniformément tous les points de l'espace qui leur est accordé.

Mais cette impulsion universelle vers l'uniformité devient lente et difficile lorsqu'elle s'applique à des corps moléculaires, venus de sources différentes, et très-disparates entre eux de masse et de vibration. Si, au contraire, lancés vers le même espace, ces corps moléculaires sont égaux de masse, par conséquent isochrones de vibration, la puissance d'uniformité n'a d'autre soin à prendre que de les entremêler également, paisiblement; son ouvrage s'accomplit sans tâtonnements, sans désordre; aucun effort ne le rend apercevable.

Entre ces deux extrêmes, l'un d'homogénéité parfaite, engendrant langueur, monotonie, l'autre d'hétérogénéité très-considérable, engendrant très-forte difficulté, il est évidemment un nombre indéfini de termes intermédiaires à chacun desquels correspond un degré plus ou moins avancé de facilité dans l'action de la puissance d'uniformité.

Quel est le terme d'hétérogénéité qui résiste le moins à la puissance d'uniformité, ou qui se prête le plus aisément à la combinaison réciproque ? C'est évidemment celui de deux ordres de corps moléculaires constitués de manière à ce que les uns ne fassent qu'une vibration, tandis que les autres, deux fois plus petits de masse, mais deux fois plus nombreux, font deux vibrations dans le même temps. Là, manifestement, se trouvent les rapports les plus favorables à l'établissement de l'harmonie.

Et si, dans un autre groupe binaire, les rapports de masse et de vibration sont représentés par le rapport numérique de 2 à 3, la combinaison réciproque, un peu moins prompte, s'établit cependant encore avec beaucoup de facilité. Si la simplicité du rapport des vibrations diminue encore, s'il est représenté par celui du nombre 3 au nombre 4, la combinaison deviendra encore un peu moins rapide; cependant elle sera facile encore.

Mais si le rapport des vibrations respectives continue à s'éloigner de la simplicité mathématique, s'il en vient à ne plus pouvoir être représenté que par des rapports numériques graduellement plus disparates, tels que 13 à 17, 19 à 33, 42 à 65, à de telles conditions, la puissance d'uniformité rencontrera une difficulté graduellement croissante; elle finira par ne plus pouvoir la vaincre qu'à force de temps, de tiraillements et d'efforts.

Ce que nous venons de tracer, c'est un tableau d'Acoustique. Si deux ordres de sons, jetés dans le même espace, sont en rapports de vibrations mathématiquement simples, leur combinaison est prompte, facile; elle engendre *harmonie*. Si, au contraire, les rapports de leurs vibrations sont éloignés et confus, il y a lutte et discordance, au lieu de concert et de combinaison.

Mais ce tableau des concurrences sonores est-il en même temps celui des concurrences chimiques ? Nous n'en pouvons douter. En effet, l'affinité musicale la plus harmonique, la plus facile à obtenir, est celle de tout son tonique avec son octave ; et, pour produire en concurrence ces deux sons, il faut frapper ensemble deux corps sonores, l'un double en volume de l'autre, pour cette raison l'un ne faisant qu'une vibration tandis que l'autre en fait deux, pour cette raison encore l'émission moléculaire du premier, deux fois moins rapide, mais deux fois plus grave, étant nécessairement deux fois moins nombreuse, s'étendant sur un espace deux fois moins grand.

Or, en chimie, l'affinité réciproque la plus complète, la plus facile à obtenir, est celle de deux masses de gaz, l'un oxygène, l'autre hydrogène, produits en concurrence par les deux pôles d'une même pile de Volta, et, de ces deux masses gazeuses, dont l'équilibre magnétique est rigoureusement exact, l'une, la masse hydrogène, est cependant double en volume de la masse oxygène ; ce qui atteste que sa production a marché deux fois plus vite, ou que ses composants ont deux fois plus de ténuité. Le rapport des deux gaz est donc le même que celui des deux sons à l'octave l'un de l'autre; la facilité de l'affinité fondamentale en chimie s'explique donc par la même cause que la facilité de l'affinité fondamentale en musique; le gaz tonique, le gaz oxygène, a pour octave le gaz hydrogène; et voici ce qui complète la démonstration.

En chimie si, dans un composé binaire, tel que l'acide acétique, on élimine l'hydrogène, et si on le remplace par l'oxygène, on obtient un nouveau composé, essentiellement semblable au composé précédent, mais dont les propriétés chimiques sont plus prononcées. En musique, si, dans un accord binaire, on prend pour base un son fixe, le son *sol*, par exemple, et si on le combine, d'abord avec un son *ut* à l'octave supérieure, ensuite avec le même son *ut*, porté à l'octave inférieure, dans le premier cas, on produit l'accord de quarte *sol-ut*, dans le second cas, l'accord de quinte *ut-sol*. Ces deux accords jouent le même rôle dans l'harmonie; seulement l'accord de quinte est plus ferme, plus consonnant.

D'une telle similitude entre des faits d'importance majeure, les uns en chimie, les autres en musique, découle une théorie commune à la musique et à la chimie. En voici le résumé :

En chimie, comme en musique, l'acte d'affinité réciproque à son degré parfait, est le fruit immédiat de la concordance parfaite, de la concordance selon le rapport croisé de 1 à 2, entre les vibrations des corps moléculaires jetés dans le même espace. De ce terme, de ce rapport le plus simple, l'affinité réciproque entre les corps moléculaires s'affaiblit progressivement, selon que le rapport entre leurs vibrations respectives diminue de simplicité mathématique. Lorsque ce rapport est devenu disparate à un certain degré, il n'y a plus de sympathie réciproque, plus d'affinité; chacun des corps que l'on cherche à combiner s'y refuse d'autant plus que, surtout en chimie où tous les mouvements ont beaucoup moins de vivacité qu'en musique, chaque corps moléculaire, repoussé ou délaissé, trouve nécessairement dans son voisinage et à sa portée d'autres corps moléculaires dont les vibrations sympathisent avec les siennes; il s'attache de préférence à ceux qui, eux-mêmes, s'attachent à lui le plus aisément.

De là découle cette loi d'expérience générale : En quelque genre de combinaison que ce puisse être, il n'y a succès facile que par la simplicité des rapports.

Que cet axiome nous guide dans l'étude des faits dont la nature se compose. Elle ne peut les avoir combinés que sous leurs rapports les plus simples. De leur côté, les rapports les plus simples ne peuvent être que les rapports les plus généraux. Or, dans les œuvres très-composées, l'unité absolue est le degré suprême de la simplicité. C'est donc à l'unité absolue du Principe qui produit tous les Faits, et de la Loi qui en règle tous les rapports, que l'œuvre la plus étendue, la plus composée, que l'œuvre universelle doit sa stabilité et son harmonie.

La recherche de ce Principe et de cette Loi est, depuis cinquante ans, l'effort de ma pensée. Dans ma persuasion, cet effort n'a pas été stérile. On ne conteste plus, ce me semble, que l'Expansion ne soit le Principe de tous les mouvements, et que la Loi qui en règle l'exercice ne soit le balancement continu de tous les effets que l'Expansion entraîne. La Vérité universelle est là dans ses bases et son ensemble. Toute grande découverte particulière n'est jamais qu'un de ses développements. Citons, à cet égard, un frappant et récent témoignage.

A l'une des séances de l'Académie, le mois dernier, de graves documents géologiques et historiques sont venus confirmer, par l'organe de M. Édouard Biot, la théorie expansive du *soulèvement;* théorie qui représente le globe terrestre comme agité, depuis sa naissance, du besoin de s'étendre indéfiniment dans l'espace, d'y faire explosion! Pourquoi n'y parvient-il pas? Quelle résistance extérieure le réduit à ne pouvoir faire que des efforts difficiles? Au-dessus de lui, et autour de lui, il n'y a que des globes, et ils sont si éloignés!

Mais tous ces globes sont, comme celui de la terre, expansifs et rayonnants; mais, de leur rayonnement continu résulte, autour de la terre, une irradiation croisée, qui presse en tout sens la surface terrestre, la contracte, la condense, la rend dure à gonfler, à soulever, à ouvrir; ne laisse passer avec facilité que le rayonnement subtil émané du centre, rayonnement qui, à son tour, va concourir à la répression, à la conservation des globes environnants.

Ainsi, c'est même par leur lutte réciproque que les globes voisins entre eux se prêtent mutuellement secours! Combinaison simple et salutaire! Que notre globe s'en affranchisse; que, par son Expansion propre, il domine pleinement l'Expansion environnante, que devient-il? Ce que, sur notre terre même, deviendrait un peuple vainqueur de tous les autres : il se dissoudrait à l'instant.

Expansion en équilibre! Tel est donc le mot de la grande Énigme; il répond à tous les genres de phénomènes, puisqu'il exprime l'impulsion initiale qui est à la source de tous les genres de mouvements.

Que l'Esprit humain, si avide de tout comprendre, prenne donc ce Principe pour guide et pour flambeau; il marchera avec clarté, avec fermeté, dans l'exploration de la Vérité universelle. Plus de tâtonnements, plus d'hypothèses vagues et incertaines. Nécessairement, ce que le Principe explique, il l'atteste ; toute investigation qu'il dirige ne peut conduire qu'à la démonstration, ou même à l'évidence.

C'est ce qui attache ma conviction au Mémoire que je viens de lire. Tout y découle de l'Expansion en Équilibre.

Je présente mon ouvrage à l'Académie ; j'invoque son jugement. Elle seule, aujourd'hui, peut donner aux vérités que j'expose une sanction imposante, parce que seule, aujourd'hui, elle a de l'autorité sur l'opinion. Dans le siècle actuel, c'est le droit de la science.

COROLLAIRES DU MÉMOIRE PRÉCÉDENT.

CHAPITRE Ier.

COROLLAIRES DE L'ORDRE PHYSIQUE.

Rappelons le Fait général que le Mémoire démontre.

Tout être, possesseur d'une existence constituée, c'est-à-dire ayant des formes propres qui le caractérisent, et qui le rendent susceptible d'une certaine durée, tout être *individuel*, de grandes ou petites dimensions, est essentiellement tributaire de deux mouvements opposés, qui se tiennent en équilibre; l'un de ces mouvements le dilate de son centre à sa circonférence, l'autre le contracte de sa circonférence vers son centre; le premier émane de son expansion propre, le second de l'expansion coalisée des êtres environnants. Ainsi tout être individuel, libre dans l'espace, *vibre* sans cesse, et la vitesse de sa vibration est proportionnelle à la petitesse de son diamètre.

Les corps moléculaires d'un même genre qui se rencontrent dans l'espace libre, s'unissent, se combinent au gré de la concordance plus ou moins avancée de leurs vibrations particulières; ils forment alors des corps mixtes qui, s'ils sont libres, sont également en vibration continue, et la vibration de chacun de ces corps mixtes est le fruit mathématique de la transaction précise qui s'est faite, avec plus ou moins de rapidité, entre les vibrations particulières de ses molécules composantes.

Tout globule gazeux est un corps moléculaire formé d'ordinaire dans le sein d'un corps solide ou liquide qui le lance par expansion, comme le soleil lance le globule de lumière, et, en l'exposant de même, dès son évasion, à l'action condensatrice de l'irradiation universelle, ce qui le constitue de même en état de vibration. Mais comme tout globule gazeux est beaucoup moins subtil que le globule de lumière, il ne peut, comme celui-ci, effectuer d'une manière rapide et soutenue le mouvement de propagation en ligne droite qui lui est imprimé; il se trouve engagé, dès sa naissance, dans la masse à demi résistante des globules gazeux déjà formés; et là il entre en combinaison plus ou moins rapide, plus ou moins facile, avec ceux de ces globules qu'il trouve immédiatement sur son passage.

Telle est la source continue de l'atmosphère qui environne le globe, atmosphère dont l'étendue est indéfinie, mais non illimitée; ses bornes sont posées sphériquement par la résistance expansive des globes environnants.

L'atmosphère terrestre est donc un immense ballon gazeux dont tous les composants se meuvent, se transforment, se renouvellent sans cesse, dont néanmoins la masse générale a toujours resté la même, du moins pendant la durée du temps accordé jusqu'ici à nos observations. Le baromètre, instrument dont le mercure n'est suspendu que par cette masse atmosphérique, n'a montré encore que des variations périodiques qui se balancent réciproquement. Mais, et ces variations du baromètre, et nos épreuves personnelles, plus frappantes, plus directes, nous démontrent que cette masse atmosphérique est loin de rester toujours dans le même état par tous les points de son étendue. Alternativement celle qui repose sur la France, par exemple, est calme, sereine, de manière à se promettre en apparence une durée éternelle, et, au contraire, troublée, bouleversée, de manière à paraître menacée d'anéantissement. Pourquoi de tels contrastes, et pourquoi leur succession alternative? La réponse est facile.

Quoique l'atmosphère terrestre soit, par son ensemble, une masse continue dont toutes les parties sont liées entre elles de manière à former un tout solidaire, nous pouvons cependant la considérer comme divisée en sections portant chacune sur une section particulière de la surface du globe, par conséquent soumise comme elle aux influences indéfiniment variables du jour et de la nuit, de la saison chaude, de la saison froide, des changements accidentels en si grand nombre dont les corps terrestres sont susceptibles. Dans la vibration de chaque globule gazeux dont toute atmosphère locale est composée, c'est donc tantôt la phase de dilatation, tantôt la phase de contraction, qui sont favorisées, et c'est la masse entière de cette atmosphère locale qui, tantôt, se condense, tantôt, s'épanouit.

Ainsi, en France, pendant une journée de printemps, douce, paisible, d'une chaleur modérée, l'état de l'atmosphère reposant sur notre sol, sera expansif avec calme, régularité; tous les êtres sensibles respirant cette atmosphère goutteront le charme d'un développement facile, d'une accélération bénigne dans le mouvement de la vie; pour l'homme, pour les animaux, pour les plantes, ce sera du *beau temps*, ce sera un *beau jour;* et, pendant cette période de vitalité féconde, tous les êtres organisés qui transpirent sans cesse, soit des fluides subtils, soit des vapeurs, soit des substances gazeuses, en verseront davantage. Les corps inorganiques même, solides, liquides, laisseront un plus grand nombre de leurs principes se résoudre en globules gazeux, et s'élever dans l'atmosphère.

Une telle disposition productrice et ascendante pourra se maintenir quelque temps, parce que la masse générale de l'atmosphère, quoique circonscrite dans une enceinte qu'elle ne peut franchir, est flexible comme tout corps élastique; elle se prête, jusqu'à un certain point, à l'invasion de la surabondance. Mais il y a un terme à toute concession qui froisse l'équilibre; la section atmosphérique exaltée cherche à s'étendre encore; les sections environnantes s'y opposent, parce que cette extension les opprime, et parce qu'elles veulent s'exalter à leur tour. Dès lors, dans le sein même de la section jusque-là calme et prospère, s'établissent graduellement le tumulte, l'irritation, le désordre. Chaque composant atmosphérique, chaque globule gazeux, cesse de trouver la place nécessaire à son développement ; il la demande avec violence aux globules qui l'environnent; ceux-ci se portent contre lui à la même aggression, à la même exigence; dans tous les points de cette section atmosphérique, la guerre intestine a succédé à la bonne intelligence et à la paix; et comme, à un corps dont les éléments sont divisés et en hostilité réciproque, il faut encore plus d'espace que lorsqu'il y avait de l'ordre dans ses mouvements, cette section si agitée travaille avec un redoublement d'ardeur à envahir l'espace occupé par les sections environnantes. C'est alors que la réaction de celles-ci forme contre elle une coalition impétueuse; par un refoulement dont elle ne ménage point la mesure, elle contraint tous ces principes usurpateurs à revenir en arrière, et avec brusquerie, avec désordre; ils se rassemblent, mais en tumulte; ils se condensent, mais avec une sorte de fureur; ils s'étaient élevés paisiblement sous formes de gaz innocents, de vapeurs légères; ils retombent avec fracas, semant partout l'épouvante et le ravage.

Quelle catastrophe! Est-ce la fin du monde? Non; c'est la fin de l'un des deux mouvements qui animent le monde, du mouvement de réaction expansive contre les envahissements de l'expansion directe. Encore quelques moments, et le tumulte s'apaise: l'équilibre se rétablit; le calme renaît; la sérénité recommence, avec elle la douceur de vivre, de s'élever en paix, avec bonheur....... Et, par cette douceur même, se préparent de nouveau tacitement les déluges et les tempêtes.

CHAPITRE II.

COROLLAIRES DE L'ORDRE POLITIQUE.

I.

Le tableau que je viens de présenter n'est-il pas, comme j'avais cru pouvoir l'annoncer, l'explication allégorique des vicissitudes d'état politique qui tracent la vie de tout peuple civilisé? Suivons les ressemblances et les différences.

A l'époque actuelle chaque peuple civilisé existe en concurrence avec un grand nombre d'autres. Par les mouvements croisés en tout sens de l'industrie, du commerce, et encore plus par les mouvements essentiellement propagateurs de l'intelligence, le genre humain a travaillé, depuis sa naissance sur le globe, à devenir, comme l'atmosphère, un vaste système, solidaire dans toutes ses parties. Pendant bien des siècles cet effort n'a semblé faire que peu de progrès. L'atmosphère, dont les composants sont si simples et si mobiles, a dû arriver presque subitement à cette faculté de mélange universel et continu, qui lui confère la solidarité parfaite. Aussi, dans son sein, l'action et la réaction s'enchaînent avec autant de promptitude que d'exactitude. Il n'est pas, sur l'un des deux hémisphères, un mouvement de forte ou faible intensité qui ne provoque rapidement, jusque dans l'autre hémisphère, un contrecoup proportionné.

C'est à une correspondance semblable, sinon en promptitude, du moins en exactitude, que le genre humain est destiné; et il y marche à grands pas depuis l'invention de la boussole et celle de l'imprimerie.

Mais lorsqu'en réalité l'espèce humaine ne fera, à la surface du globe, qu'un seul corps, elle n'en sera pas moins divisée, à cause de son étendue, et comme l'atmosphère, en sections d'une délimitation vague, cherchant sans cesse, de part et d'autre, à s'étendre, à se modifier; et c'est ce qui a déjà lieu entre les sociétés humaines établies aujourd'hui, et s'étant donné une existence politique, une nationalité.

Chacune de ces sociétés humaines, provisoirement fixée sur une certaine portion du territoire, est plus ou moins expansive, plus ou moins disposée à l'extension indéfinie, selon la fécondité du sol qu'elle habite et les faveurs du climat. De cette analogie marquée avec les diverses sections de l'atmosphère doivent découler des conditions analogues, mais beaucoup plus compliquées. Essayons, par un frappant exemple, d'en indiquer le caractère.

A l'époque actuelle, c'est sur la nation française que la nature a rassemblé le plus d'avantages; c'est aussi celle qui, d'abord, en a usé avec le plus de bonheur, le plus d'éclat, qui ensuite s'est laissé entraîner à en abuser avec le plus d'emportement, le plus d'énergie, qui, ensuite encore, a été refoulée dans sa sphère avec le plus de colère et d'animosité. La filiation de ces événements si dramatiques demande que nous remontions de quelques siècles dans notre histoire.

Quel spectacle imposant que celui de la France sous le règne de Louis XIV! Au terme de l'hiver si rigoureux du moyen âge et des discordes civiles, ce fut, en réalité, le printemps du peuple français. Tous les sentiments profonds et délicats, aliments de la poésie et des beaux-arts, toutes les idées ingénieuses, aliments de l'industrie, toutes les conception fortes, aliments de la raison et de la science, germèrent avec ardeur. Dans l'atmosphère sociale il y avait de la chaleur et de la place; elle se dilatait doncement pour inviter chaque homme d'une âme active et honnête à s'élever et à grandir.

Cette exaltation générale ne pouvait que saisir et passionner le chef de l'état, à qui d'ailleurs la nature avait donné une vive inclination pour tout ce qui portait l'empreinte de la grandeur et de la force. Il espéra conduire le peuple français à dominer sur toute la partie catholique de l'Europe. Dans cette brillante et téméraire entreprise, il commença par des succès et de la gloire; il finit par de l'humiliation et des revers.

J'ai trop aimé la guerre, dit-il en mourant. La loi des contrastes devait lui donner pour successeurs des hommes à qui la guerre déplairait. Le Régent, Louis XV, le cardinal de Fleury, furent des hommes à inclinations pacifiques. Il n'y cut presque plus de guerres étrangères; cependant l'activité française fut loin de rester oisive; elle se dépensa en tous les genres de progrès, surtout en hardiesse d'examen, en curiosité philosophique. Les institutions régnantes frappaient d'anathème la discussion de toutes les questions d'économie sociale et religieuse; c'est ce qui fit porter sur elles un œil avide et pénétrant. Luther avait ouvert l'audacieuse carrière; Voltaire l'élargit, toute âme ardente s'y précipita.

Alors se fit, dans le corps social, une fermentation profonde. Toutes les idées dogmatiques étaient en mouvement de chute; mais les habitudes du vulgaire et les intérêts des hommes puissants maintenaient les lois de police et les priviléges que ces dogmes avaient fondés. De là, entre les diverses classes, une lutte politique, à laquelle venait se joindre la lutte encore plus multipliée, plus dissolvante, des jalousies d'état, des concurrences entre tous les genres d'activité, des rivalités entre tous les genres d'amour propre. Une paix si longue, si prospère, n'avait pu que mettre en forte surabondance, dans toutes les carrières, les hommes et les fruits de leur intelligence ou de leur industrie. Pour chaque expansion individuelle la liberté du mouvement était donc fortement gênée par le rétrécissement de l'espace, et cependant les excitations continuellement croissantes du développement des idées augmentaient indéfiniment l'exigence de chaque expansion individuelle.

Un tel état, chez un peuple d'un tempérament si animé, un tel état à la fois d'engorgement, de compression, de pétulance, ne pouvait appeler pour diversions que d'impétueux changements, d'impétueux mouvements, d'impétueuses conquêtes. Elles vinrent ces diversions impétueuses; elles agitèrent violemment le peuple français; elles le bouleversèrent de fond en comble. Presque aussitôt elles troublèrent toute l'existence des peuples environnants; elles jetèrent sur eux l'oppression et l'épouvante. L'homme, à jamais mémorable, qui, pendant quelques années, maîtrisa et dirigea cette impulsion terrible, fit l'immense faute de s'associer lui-même à son caractère, de l'exalter même. Il porta son ambition bien plus loin encore que celle de Louis XIV; il tenta de soumettre l'Europe entière à la suprématie du peuple français. La catastrophe fut aussi d'une bien plus grande violence. L'Europe s'irrita, se révolta, fit une caalition foudroyante; la France fut écrasée; l'exil à Sainte-Hélène fut le terme de l'ouragan.

Et, dès le lendemain, sous le gouvernement d'une famille pacifique par caractère, et par l'influence naturelle d'un contraste auquel accédait la masse générale de la nation, le calme est rendu à l'atmosphère de la France, et à celle de tous les peuples qui l'environnent; par le bénéfice de la paix et la persuasion de sa durée, toutes les industries se relèvent, tous les travaux de l'intelligence reprennent leur essor, l'expansion ascendante, l'expansion qui donne à l'homme des désirs, de l'espoir, du bonheur, redevient le mouvement général de la nation française... Mais quinze ans s'écoulent, ils ramènent graduellement la guerre intestine des intérêts individuels, pressés, multipliés, en froissement réciproque; une inquiétude vague, qui elle-même ignore son but et ses causes, dispose la masse populaire au mécontentement et au murmure; elle s'exhale en plaintes exagérées, en accusations sans bases réelles, et le gouvernement français, animé sans doute d'intentions estimables, mais dépourvu de lumières, croit utile d'étouffer cette disposition des esprits en les ramenant de force vers les institutions des temps où l'anxiété publique, souvent séditieuse, n'était pas encore révolutionnaire. C'est alors sur ce gouvernement même que l'irritation commune se porte et se soulage; le renversement du trône de Charles X nous sauve, en ce moment, d'une tempête bien plus violente qu'il n'aurait pas su conjurer.

A la suite de ce soulagement, comme il a été court et faible, l'état de tumulte dure quelque temps encore; la paix sociale met quelque temps à se rétablir. Mais enfin elle y parvient, grâces surtout à l'habile sagesse du chef de l'état; et alors se produisent immédiatement les effets avantageux de l'expansion paisiblement secondée, mais aussi se préparent ses effets funestes; l'émulation dans toutes les carrières de l'industrie et de l'intelligence prend une ardeur brillante; ce qui, par un progrès rapide, encombre toutes ces carrières, et d'hommes remarquables ne pouvant se faire remarquer, et de productions très-estimables délaissées sans estime et sans emploi.

II.

C'est là que nous en sommes ; et c'est ce qui explique nos mœurs publiques si hachées, nos sentiments d'individu, si isolés, si personnels. Lorsque la rivalité est partout, que peut devenir le penchant à l'association, à la générosité, à la simple obligeance ? Pour un peuple plongé dans une telle atmosphère, il n'y a plus de beau temps, puisqu'il n'y a plus chez lui, autour de lui, d'exercice facile à l'expansion abondante. C'est aussi par instinct de rénovation, par instinct d'équilibre que, sous appât de changement, de mouvement, de révolution, il invoque le *mauvais temps*. Faut-il lui accorder celui qui s'effectuerait à la manière des orages ? Non, si l'on peut s'en défendre. Pendant toute guerre d'invasion et la réaction irritée qui nécessairement lui succède, c'est toujours avec tant de brusquerie, de violence, de brutal caprice, que se multiplient les victimes !

Aura-t-on recours à la création de colonies ? Ressource qui serait heureuse si l'on pouvait la saisir. Mais, aujourd'hui, où la chercher, où la trouver? Une colonie, émanée d'un peuple qui déborde, d'un peuple en surabondance de vitalité et de population, ne peut s'établir, sinon sans difficultés, sans efforts, du moins sans être arrêtée par des obstacles invincibles, que sur un sol encore vierge de grandes exploitations, et sur lequel il n'y ait à lutter avec acharnement, avec persévérance, que contre la nature matérielle. Partout où une nation formidable a vécu et n'a pu se perpétuer, ou, si elle a été vaincue, exterminée, n'a pas été immédiatement remplacée par le vainqueur, c'est parce que le sol s'est épuisé, ce qui a changé aussi le climat, ce qui surtout l'a desséché, ce qui, en dernier résultat, l'a rendu inhabile à soutenir l'existence d'une société nouvelle. Il n'est plus que des tribus nomades qui puissent encore, non l'occuper, mais le traverser à la manière des vautours. Que deviennent, en partage d'un tel territoire et en lutte avec de tels indigènes, que deviennent les hommes à habitudes casanières qu'un peuple civilisé leur envoie? Alger nous l'apprend. Depuis dix ans, c'est sous la protection d'une armée que nous cherchons à y fonder une colonie; l'armée y succombe; les colons périssent; la colonie ne se fonde pas.

Inviterons-nous nos hommes superflus à aller féconder les terrains encore incultes de l'Amérique septentrionale? En premier lieu là aussi se trouvent maintenant établis des indigènes, mais d'une nature opposée à celle des Bédouins, des indigènes fixés sur un sol éminemment fertile, leur montrant en espérance la prospérité graduellement croissante d'une longue suite de générations. Depuis qu'ils ont ainsi apprécié la valeur de leur magnifique territoire, ils ne veulent plus associer à son exploitation des peuples étrangers. Ils accueillaient, il y a vingt ans, des prolétaires allemands, hollandais, qui s'y réfugiaient par centaines. Maintenant ils les repoussent; ils n'acceptent que des individus leur portant des capitaux ou une industrie nouvelle, et, à ces conditions, peu d'Européens se présentent.

Et si le sol était encore ouvert aux émigrations des laboureurs, quel est aujourd'hui l'Européen façonné aux douceurs de la civilisation qui irait, de plein gré, fixer sa vie au sein d'une plage encore neuve qu'il aurait à défricher? C'est là une idée romantique que nos mœurs n'inspirent plus; j'ai vu le temps où des personnes très-dignes d'intérêt s'en laissaient séduire. J'ai connu, dans le midi, un agronome très-actif, très-intelligent, de plus littérateur distingué, passionné pour J.-J. Rousseau et Bernardin de Saint-Pierre, qui, ne possédant qu'un bien modeste, prit à ferme, pour six mille francs par an, une belle propriété rurale; il la mit en grande valeur, et en tira une douce aisance pour lui-même, sa femme, ses deux fils et ses trois filles. Toute cette bonne famille vivait à la campagne, et y trouvait santé, gaieté, bonheur.

Un jour, parmi les livres que cet estimable M. Blanc faisait venir de la ville voisine, il vit l'ouvrage de M. de Crèvecœur, intitulé: *Lettres d'un cultivateur américain;* il en dévora la lecture; et sa femme, ses enfants, ravis comme lui des tableaux que ce livre présentait, furent loin de résister à l'envie que le père exprima, d'aller tous, en famille, fonder, à leur tour, une petite colonie de cultivateurs américains. La résolution en est prise; d'un commun accord, le bail de ferme est résilié, le petit bien personnel est vendu; la caravane, toute pétulante d'allégresse, se rend à Bordeaux, s'embarque pour la Pensylvanie, y arrive, achète, pour une très-petite somme, un terrain couvert d'une forêt pompeuse, et beaucoup plus grand que celui de la ferme qui a été délaissée. On se met à l'ouvrage..... avec une ardeur extrême..... et bientôt la déception commence, et, au terme d'un mois, elle est plus que complète; les amis du Languedoc ne reçoivent plus que des lettres de lamentations et de regrets : habitudes rompues, énormes fatigues, dangers quelquefois pressants, fortune en lointaines et précaires espérances, privations, souffrances en actuelle réalité! voilà, sur cette terre de Canaan, le triste sort de M. Blanc et de sa famille.

De telles épreuves sont aujourd'hui presque inévitables pour tout émigré européen allant volontairement se placer dans de semblables conditions. Un simple ouvrier même, ayant travaillé longtemps, honorablement, dans une de nos villes opulentes, y a pris des idées, un tempérament, des habitudes, qui le tiennent comme accroché à sa patrie, lors même qu'elle cesse de lui fournir du pain et du travail. Dans l'état actuel des mœurs et des idées en Europe, surtout en France, l'émigration ne peut procéder que de l'action coercitive du gouvernement y contraignant des malfaiteurs ou des soldats.

III.

Que faire alors de ce trop-plein qui nous agite ? Il faut le supporter avec patience, en adoucir, autant qu'il est possible, le poids et l'embarras, et laisser à la loi universelle le soin de le dissiper. Elle saura bien y parvenir sans secousse ; le temps lui appartient. Chaque jour elle enlèvera tacitement plus ou moins de cette surabondance de population et de productions qu'elle-même a tacitement accumulées pendant la période de prospérité. L'homme qui, à la suite d'une intempérance inconsidérée, sent une surcharge dans ses organes, fait sagement d'attendre en repos. S'il a recours à des moyens énergiques de précipiter sa délivrance, souvent il s'incommode davantage ; toujours du moins il ébranle, affaiblit un de ses organes les plus importants.

Modération dans le plaisir, patience dans la peine : voilà ce que le Principe universel conseille aux peuples comme aux individus. Le Principe universel, nous ne saurions trop le rappeler, c'est l'Expansion. Tous les êtres sensibles, intelligents, les hommes, les peuples, ainsi que les êtres aveugles, inorganiques, tirent de l'expansion, non leur sensibilité, leur intelligence, mais toute l'action qui les développe, et qui fournit à leur sensibilité les occasions de s'exercer. Et comme chaque être sensible, intelligent, chaque homme, chaque peuple, est environné d'autres hommes, d'autres peuples, expansifs comme lui, d'un seul principe procèdent tous les mouvements intérieurs qui font sa vitalité propre, et toute l'action extérieure qui lui résiste, qui froisse sa vitalité propre, son développement, et ses désirs. A chacun des mouvements du premier genre est attachée une sensation douce, une jouissance; à chacun des mouvements du second genre est attachée une sensation pénible, une souffrance. Ces deux sources d'impressions s'entremêlent sans cesse par alternatives, quelquefois paisibles, régulières, d'autres fois brusques, convulsives, mais toujours de manière à ce que les deux phases du balancement tendent à l'équilibre, et y parviennent à l'aide du plus ou moins d'oscillations et de temps.

Telle est la loi de suprême justice qui règle sans cesse l'exercice de l'expansion universelle, et sans laquelle cette tendance essentielle de tous les êtres à une extension indéfinie n'entretiendrait que le chaos dans l'univers.

La peine et le plaisir étant donc, pour les peuples comme pour les individus, les deux faces, toujours alternatives, et toujours correspondantes, de leur existence, un des points les plus essentiels de la loi morale, pour les individus et pour les peuples, est facile à indiquer. Des satisfactions modérées n'appellent en balancement que des peines modérées; au contraire, des plaisirs immodérés, soit en intensité, soit en durée, appellent en balancement des douleurs de même mesure. C'est ainsi que, dans la vie du globe, l'hiver est d'autant plus rigoureux que l'été précédent a versé sur la surface plus de fécondité et de faveurs.

Peuples et individus, lorsque nous souffrons, sachons donc attendre ; ouvrons notre âme à la pensée que, par nos souffrances, c'est leur cause même qui s'effectue, qui s'épuise, et qui prépare, pour nous, le retour des beaux jours.

IV.

Mais, reconnaissons-le : pendant la durée de toute peine, ce langage, quoique celui de la vraie science, de la vraie sagesse, est difficile à l'individu, à celui même qui en sent le mieux la vérité, la certitude. Pour les peuples en période de souffrances, il est bien plus difficile encore. Chaque individu alors, surtout des classes inférieures, rejette avec humeur ce conseil d'attendre un soulagement que personne ne peut lui définir encore, qui peut-être ne viendra qu'après sa vie, lorsqu'il ne sera plus en état d'y participer. Soyons sincères; avouons une expérience de chacun de nous : dans l'état de souffrance, le premier soulagement que s'accorde l'homme de toute classe, de toute instruction, de tout caractère, c'est la plainte amère, exagérée, injuste. Comment les peuples, dans la période de souffrance, échapperaient-ils à cette disposition ? Aussi, il n'en est point qui alors ne la manifestent, ne l'expriment, qui, pour cette raison, n'imposent à l'autorité qui les gouverne le devoir d'une patience ferme, inaccessible à la colère, inébranlablement appuyée sur la raison et la prévoyance.

Inébranlablement appuyée ! Mais si, par la forme même du gouvernement, l'autorité est essentiellement faible, instable, vacillante, quelle fermeté, quelle patience pourra-t-elle puiser dans les vues, même les plus sages, dans les inspirations de la prévoyance la plus éclairée, dans les avis de la plus haute raison ?

Tout peuple arrivé à un certain terme de progrès et de civilisation est naturellement ingrat; la raison en est simple. C'est sous la protection d'un gouvernement à la fois zélé, intelligent et pacificateur, que sa fortune politique s'est élevée. Quel effet cependant cette fortune politique a-t-elle produit sur ses mœurs et son humeur? Non-seulement elle lui a donné le besoin d'une fortune plus grande, par conséquent plus difficile à acquérir, mais, en multipliant, sur le sol qu'il habite, les hommes et leurs ouvrages, en diminuant ainsi, pour chacun, la faculté d'extension, la faculté qui, en nous tous, fait le bonheur, le plaisir, elle a rendu la masse générale moins heureuse qu'elle n'était au début du progrès; elle a trompé ses espérances. Cette masse irréfléchie se plaint avec aigreur d'une déception si inattendue; et ce pénible mécompte qui, chaque jour, augmente, elle l'impute au gouvernement même qu'elle bénissait avec justice lorsqu'il la plaçait sur la ligne de prospérité!

Cette ingratitude populaire, que l'histoire nous montre comme ayant toujours été l'épreuve cruelle réservée aux grands administrateurs, aux grands souverains, et qui a fait la compensation de leurs nobles et profondes jouissances, cette ingratitude populaire, très-graciable dans son origine, n'en expose pas moins l'homme sur qui elle retombe à des préventions aveugles, à des accusations passionnées, avec lesquelles il lui serait inutile de raisonner, de discuter; les uns ne l'entendraient pas; les autres, en plus grand nombre, ne voudraient pas l'entendre.

Il faut donc que par la force, et, pour ainsi dire, par l'aplomb de sa station politique, il puisse marcher droit et ferme vers les temps meilleurs que sa prévoyance découvre, vers les temps où la chute naturelle de l'encombrement social aura rendu à l'activité humaine la liberté d'exercice, et, par cette liberté, aura rétabli la justice des sentiments et le contentement des esprits.

Une autre considération de grande importance nous conduit à sentir combien, dans les états très-avancés en civilisation, l'autorité supérieure doit être revêtue d'une puissance inébranlable.

V.

A toutes les époques de la vie des peuples, l'ensemble de chacun forme un mécanisme politique à deux impulsions réciproquement opposées : l'expansion progressive qui fait le développement, et l'expansion réactive qui le retient, le modère ; c'est comme dans la nature entière ; c'est aussi comme dans les plus ingénieux, les plus parfaits ouvrages de l'industrie humaine, dans une montre par exemple. Là, l'expansion progressive du ressort, et l'expansion réactive des rouages, en action constante l'une et l'autre, s'appuient également sur une pièce centrale, sur un *pivot*, qui, bien différent de tout ce qui l'environne, jamais ne se meut, jamais ne s'étend, jamais ne change de place, et dont la nature est aussi invariable que la position : il a besoin de toutes ces conditions pour assurer la stabilité du mécanisme. Aussi, non-seulement on le fixe immobile à la place centrale, mais on a eu soin de choisir, pour le fabriquer, l'acier de la plus forte consistance, et si l'on a voulu que le mécanisme eût la plus longue durée possible, on a choisi, pour la matière du pivot, le corps le plus dur qui existe dans le globe, on a choisi le diamant.

Dans l'économie politique de tout peuple civilisé, le gouvernement est le pivot sur lequel viennent se croiser et lutter, les uns contre les autres, tous les mouvements d'expansion progressive et d'expansion réactive qui animent le corps social. L'entremise impartiale, mais ferme, puissante, de ce pivot, peut seule tenir ces deux ordres de mouvements en pondération respective. Si, par l'une ou l'autre impulsion, il peut être ébranlé, si la constitution de l'état porte l'opinion publique à le craindre, il n'y a point de sécurité dans l'existence sociale, les ambitions turbulentes la menacent sans cesse; et si le pivot est renversé, tout ordre social est rompu; il n'y a plus qu'anarchie et chaos.

Or, plus un peuple est avancé en civilisation, plus tous les hommes qui le composent, quelle que soit leur place dans le mécanisme social, sont mobiles et disposés à la vivacité d'action, à la fréquence de mouvements. C'est donc alors surtout que le pivot central doit être fondé et fixé de manière à se trouver à l'abri de tout ébranlement, de toute secousse.

Ajoutons que, pendant les premiers âges de tout peuple destiné à une civilisation féconde, les deux expansions, encore simples l'une et l'autre dans leurs formes, sont exercées, chacune, par une classe spéciale, l'expansion progressive par la classe plébéienne, l'expansion réactive par la classe patricienne; et de ces deux classes, les mœurs différentes, les intérêts nettement séparés, facilitent l'action du gouvernement chargé de les tenir en équilibre. Quand l'une d'elles semble se préparer à devenir prépondérante, le gouvernement se fait aider par l'autre pour la réprimer ou la contenir. Cette tactique du balancement s'est montrée souvent dans l'histoire des peuples d'Europe.

Mais lorsque, par le développement de l'industrie, des lumières, des idées, la démarcation en deux classes distinctes s'est effacée, les deux expansions antagonistes n'en continuent pas moins d'être en exercice, mais en exercice de part et d'autre brisé, haché. Elles s'entrelacent sans cesse, et elles sont si variables dans leur entrelacement que les mêmes hommes passent alternativement, et quelques-uns d'un jour à l'autre, de l'action et de l'intention progressives à l'action et à l'intention réactives. Ce n'est plus par des idées théoriques, encore moins par des engagements de corps, que se déterminent leurs très-légères adhérences; c'est uniquement par leurs intérêts du moment.

La modification la plus marquée dans l'esprit général de la société est celle-ci : Précédemment la classe progressive effectuait presque seule le mouvement commercial et le progrès industriel; la classe réactive mettait son honneur à se tenir éloignée de toute occupation, de toute spéculation, ayant pour but les avantages pécuniaires et matériels.

Il n'en est plus de même : les mœurs, les inclinations démocratiques ont envahi l'aristocratie; il n'y a plus, par conséquent, ni aristocratie ni démocratie; il y a un peuple presque entièrement homogène sous le rapport de l'expansion. Il est donc nécessaire que le chef de l'état, tout en restant placé au gouvernail du vaisseau, au pivot de l'équilibre, se charge de diriger la fonction réactive, car elle demande ensemble et unité, par cela même qu'elle est destinée à balancer la fonction progressive dont l'exercice, répandu sur la masse entière de la société, ne peut être qu'indéfiniment divisé. Sans doute le gouvernail n'est plus exposé aux froissements formidables de corps compactes, exhaussés en prérogatives et en puissance; mais aussi le pilote ne trouve plus à sa portée de faisceau politique prêt à le fortifier. Toute agression est morcelée, incohérente; les crises menaçantes ne peuvent plus avoir qu'un caractère et une origine; c'est lorsque le sable pulvérulent auquel la société est réduite s'amoncelle subitement par une sorte de coup de vent semblable aux vents de l'équinoxe. Pour n'être pas étouffé par cet amas tumultueux qui étourdit et aveugle, il faut pouvoir le faire disperser par une masse forte et organisée, par une masse militaire, toujours prête, toujours à l'ordre du chef de l'état.

Un nouveau et grand danger politique

prend alors naissance : le chef de l'état dispose d'une force disciplinée, docile, obéissante ; l'idée de la faire servir à l'augmentation de son pouvoir personnel ne peut manquer de lui venir. Chaque résistance qu'il éprouve dans ses intentions, même les plus saines, les plus utiles, doit l'exciter à la vaincre de haute lutte, et souvent le justifier, non-seulement à ses propres yeux, mais aux yeux de ses contemporains. L'histoire nous apprend aussi que tous les peuples arrivés à l'infusion réciproque de l'aristocratie et de la démocratie, se sont rapidement soumis au pouvoir absolu.

Est-ce là notre destinée ? Je ne le pense pas. Entre les peuples anciens et ceux de l'époque actuelle, il y a une différence capitale : à Rome, par exemple, la puissance de l'opinion publique était très-circonscrite ; l'imprimerie n'existait pas. Aujourd'hui, non-seulement elle existe, mais il est déjà plusieurs grands peuples, les Français, les Anglais, les Américains du nord, qui la possèdent en pleine liberté, en pleine sécurité, qui ne peuvent plus en perdre les avantages. Une Dictature constituée n'est-elle pas impossible là où les opinions journalières et les vœux journaliers ont une manifestation courante que rien ne peut détourner?

Mais la liberté de la presse n'est qu'une faculté comme celle de la parole; elle ne suffirait pas pour empêcher un jeune Roi, maître d'une armée, de se précipiter, comme Napoléon, dans une guerre imprudente, source de grands malheurs, que sa chute ne réparerait pas. Il faut à un peuple, pour rester libre, des garanties actives, efficaces, qui, cependant, ne puissent elles-mêmes devenir séditieuses ni oppressives, possibilités qui n'appartiennent que trop à la plus saillante de nos garanties actuelles.

Que faudrait-il lui substituer? Pour le découvrir, consultons le guide infaillible, le Principe universel. Mais rappelons ici que si, considéré en lui-même, le Principe ne peut se tromper, puisqu'il est, dans la nature, la source exclusive de tous les mouvements, il peut, dans les questions très-compliquées, être faussement interprété par l'homme ne possédant pas assez de documents pour les résoudre avec pleine exactitude. Alors c'est un plus ample informé que le Principe réclame.

Ce que j'atteste, et personne, je crois, ne le révoquera en doute, c'est qu'avant d'écrire j'examine avec attention, bonne foi, impartialité. A mon âge, l'indépendance de l'esprit est entière, parce qu'elle est calme, pacifique, et se concilie avec la justice. Lorsque le soir de la vie est arrivé, que le jour baisse, que la nuit s'approche, on se repose, on réfléchit. Si l'on exprime encore ses pensées, c'est au gré seul de la conscience, sans intention de flatter ni désobliger personne. Comme la nature, qui tient sans cesse en concessions réciproques tous les êtres qu'elle produit, on balance les unes par les autres toutes les vérités que l'on a apprises par l'étude et l'expérience. De ce balancement naissent la modération, la paix et la raison.

Dans une telle disposition de l'âme, ne craignons donc point d'aborder la question politique qui a le plus d'intérêt, parce qu'elle n'est pas une question de circonstance passagère; elle est une question d'existence.

VI.

Lorsque, par la marche du temps, un peuple a éprouvé un changement prononcé dans ses mœurs politiques, ce changement n'entraîne-t-il pas la nécessité d'une modification prononcée dans sa constitution sociale ? Spécialement la Monarchie à formes représentatives convient-elle à un peuple qui est arrivé à une période très-avancée de civilisation ? Examinons.

En tout genre de discussion, il faut commencer par bien fixer le sens des mots techniques. Qu'est-ce que *représenter* un objet ; c'est le *présenter une seconde fois*, c'est le reproduire, par l'imitation de ses formes, avec tant d'exactitude que le spectateur de cette imitation puisse dire, à l'instant, sans hésitation, à quel objet elle se rapporte. C'est ainsi qu'un peintre fidèle représente la personne qui a posé immobile devant lui. C'est ainsi encore que le daguerréotype représente avec parfaite exactitude les édifices qui, devant lui, sont éclairés par la lumière.

Mais si la personne qui demande à un peintre de faire son portrait, se tenait devant lui dans un mouvement continuel, ne rendrait-elle pas son portrait impossible? Et ne sait-on pas qu'il est impossible au daguerréotype de représenter l'eau qui coule, le nuage qui se déplace, le feuillage agité par le vent?

Dans un État, les formes politiques représentatives, qui jamais ne peuvent être qu'au nombre de deux, celle de l'expansion progressive et celle de l'expansion réactive, exigent de même, pour être possibles, que, dans le corps de la nation, chacune de ces deux expansions soit exercée par un membre spécial, par une *classe* essentiellement distincte de l'autre. Quand cette spécialité n'existe plus ni de part ni d'autre, quand les deux expansions s'entremêlent sans cesse, changent réciproquement, et sans cesse, d'agents et d'instruments, l'une et l'autre ont manifestement cessé d'être susceptibles d'une représentation réelle. Le corps nommé représentatif n'est plus alors qu'une fiction sans base, un portrait d'imagination dont le modèle n'existe pas. Cependant, c'est surtout en économie politique que l'on peut dire, en style de Boileau :

Rien n'est *bon* que le vrai, le vrai seul est *durable.*

La Monarchie représentative, lorsque des circonstances particulières l'ont établie chez un peuple très-avancé en civilisation, ne peut donc être pour lui qu'une institution provisoire, transitoire, hors d'état de durer, de se maintenir. Et par le genre d'inconvénients qu'elle entraîne, elle annonce elle-même son terme inévitable. La stabilité du pivot de l'État étant, comme nous l'avons vu, de nécessité majeure, une institution politique pourrait-elle avoir un plus grand inconvénient que de faire vaciller sans cesse ce pivot, de changer sans cesse les avant-corps qui l'environnent? Quel ministère, sous la forme de gouvernement que nous examinons, peut prendre confiance en sa propre durée? Et la pensée habituelle, principale, de l'homme chargé d'un pouvoir toujours près de lui être enlevé, peut-elle être de remplir avec le plus d'attention et de maturité possible, les fonctions qui lui sont confiées? N'est-il pas plus pressant pour lui de déjouer les manœuvres qu'il redoute, de se donner des appuis liés à sa cause personnelle, de diriger, en un mot, contre des batteries dressées par l'intrigue, des batteries du même genre, du même esprit? De telles préoccupations, sans noblesse, sans dignité, ne tendent-elles pas à abaisser le caractère d'un ministre, à lui ôter sa dignité, sa noblesse? Et que deviennent les qualités morales d'un peuple gouverné par des hommes forcés de faire eux-mêmes abjuration de ces qualités?

Et c'est immédiatement la hiérarchie dont ils sont les chefs qui se désorganise. Voici des paroles aussi vraies que sévères; je les emprunte au *Journal des Débats* (29 septembre 1840), regrettant que l'auteur ne se soit pas nommé; il a parfaitement exprimé une plainte générale :

..... « Gardiens et défenseurs du pouvoir, tous aujourd'hui se font courtisans de la multitude. Au désir d'obtenir une popularité d'un jour, ils sacrifient principes, attributions, prérogatives. C'est l'autorité souveraine qui paye les frais de ces avances et de ces concessions. Les dépositaires du pouvoir, à quelques honorables exceptions près, ressemblent aux soldats d'une garnison qui détruiraient chaque jour les ouvrages avancés, les fortifications et l'enceinte d'une place confiée à leur garde.

» Dans un tel état de choses, la position des administrateurs du second ordre n'est pas tenable ; l'administration supérieure manquant d'unité dans ses principes, de constance dans son action, allant sans règles, par bonds et par secousses, ils ne savent jamais que faire, que croire, que craindre. Qui sait si le dévouement de la veille ne sera pas imputé à crime le lendemain ? Ils vont donc au jour le jour, écoutant le bruit qui leur vient de Paris, sondant le terrain, ne sachant jamais s'ils ont mérité le blâme ou l'éloge, et souvent moins occupés, dans leur marche incertaine, des intérêts du pays que des leurs. »

Tels sont les effets inévitables d'une forme de gouvernement en opposition directe avec celle qui serait exigée par l'état général des mœurs et des idées; celles-ci tiennent tous les mouvements des individus dans l'agitation, dans l'incohérence; l'autorité chargée de les régler, de les *gouverner*, devrait donc être constituée dans un esprit de permanence, de cohésion ; et, au contraire, par essence elle est mobile et divisée !

Pour en corriger les défauts, élargirez-vous encore le droit électoral ? l'attribuerez-vous, entre autres, sous forme collective, à chacun des corps d'état, ou des associations d'industrie, ou des institutions d'intelligence ? Mais aujourd'hui regardez avec attention ; dans aucun corps, il ne reste plus, sous le rapport politique, autre chose que le nom et le simulacre ; il n'y a plus ce qui était autrefois l'*esprit du corps*, parce qu'il n'y a plus nulle part, entre plusieurs hommes, un sentiment commun de quelque permanence. Que sont des faisceaux politiques sans lien de sentiment ? Au moindre choc leurs éléments se dispersent. Désormais, dans la balance politique vous ne pourrez plus mettre que des individus. Et qu'entendez-vous par une balance, si ce n'est un mécanisme à deux bassins en pondération respective ? Et dans quel moment de l'existence politique pourrez-vous obtenir une séparation en deux bassins, une pondération effective de deux bassins, lorsque tous les poids que vous cherchez à y distribuer sont devenus de valeur à peu près égale, et lorsque d'eux-mêmes ils passent, chacun, d'un des bassins dans l'autre, rapidement, facilement, par caprice de la journée, ou intérêt du moment?

Que produirez-vous donc si, à quelques titres que ce soit, vous conférez le droit électoral à un plus grand nombre d'individus? Vous donnerez à la désorganisation, déjà si menaçante, une marche encore plus tumultueuse, plus rapide.

D'ailleurs vous vous abusez lorsque vous prêtez à tous les hommes utilement occupés un désir véhément de participer à la prérogative électorale. Ils n'y songent pas. Sans doute si elle leur était subitement et universellement accordée, il en résulterait, la première année, l'année de nouveauté, un tumulte extrême et un zèle très-inconsidéré. Mais, dès la seconde année, la magnifique prérogative serait fortement négligée; et sitôt qu'elle se trouverait affectée de l'ennuyeuse et monotone périodicité, elle serait presque abandonnée aux hommes d'oisiveté et d'intrigue. Voyez comme sont graduellement délaissées les élections des municipalités et de la garde nationale!

C'en est fait : chez les peuples d'une civilisation très-avancée, c'est surtout l'esprit d'opérations périodiques fédératives, c'est surtout l'esprit électoral qui s'éteint; il a fait son temps; il faut y renoncer. Ainsi l'a établi d'avance, pour tous les peuples, le seul et vrai souverain de tous les peuples, le Principe universel.

VII.

Mais j'entends vos réclamations; et elles partent de sentiments honorables : C'est donc à la Monarchie absolue, direz-vous, que le Principe universel nous enjoint de recourir!

Non; le Principe universel, le Principe du balancement des forces, ne peut inviter un peuple civilisé, un peuple éclairé, un peuple dont la liberté politique est devenue la propriété et l'habitude, à se courber sous une autorité sans contre-poids; c'est une *Monarchie constitutionnelle*, une Monarchie à contre-poids qu'il appelle; mais à ce peuple très-avancé en civilisation et en lumières, il désigne pour contre-poids ceux qui naissent du progrès même de ses mœurs et de ses idées; il lui conseille d'écarter au contraire ceux qui sont en opposition avec l'état de ses idées et de ses mœurs.

En France, aujourd'hui, la clarté dans les pensées et le talent de les exprimer sont devenus des dons très-répandus. Vous demandez que les vœux publics soient publiquement manifestés et soutenus, que les intérêts de la majorité, ceux aussi de la minorité, soient librement représentés. Ils le sont, et continuellement, et avec pleine franchise. Entrez dans un cabinet de lecture. Là vingt journaux, des nuances les plus variées, et tous parfaitement écrits, vont être pour vous, si vous le voulez, des orateurs, discutant, sous toutes les faces, les questions qui, sur l'heure, vous occupent le plus vivement. L'ameublement littéraire, politique, philosophique, de cette table devant laquelle vous êtes assis, est l'image parfaite de la société générale, car là se trouvent des écrits émanés, les uns de l'inclination progressive, les autres de l'inclination réactive, d'autres encore de l'inclination intermédiaire; là aussi, autour de cette table, se rendent et s'entremêlent des lecteurs très-variés de caractère, d'intentions et de désirs; et là chaque jour, comme dans la société générale, la scène change, se modifie, de manière d'ailleurs à être chaque jour l'expression exacte de l'état actuel de la société. Que vous faut-il de plus pour avoir sous les regards une représentation vraie, sincère, fidèle de cette société politique?

Que la liberté de la presse reste entière, sacrée, et nulle usurpation, nulle tyrannie, nulle erreur même, ne pourront s'acclimater. Avec une faculté de discussion toujours en exercice, et chez un peuple d'une intelligence si prompte, d'une sagacité si pénétrante, concevez-vous que la raison puisse être étouffée, que le droit puisse être opprimé? Et comment, sur les questions d'intérêt général, la majorité des suffrages pourrait-elle manquer d'évidence? Pour peu que vous soyez attentif, ne reconnaîtrez-vous pas, au ton des divers journaux, en quel sens se prononce cette majorité?

Répétons-le cependant : la liberté de la presse en France, dans l'état de ses mœurs et de ses idées, est une garantie inexpugnable contre l'invasion du despotisme; mais ce n'est pas une institution politique ayant un corps, des formes, une action organisée; et, à un peuple civilisé, il faut des institutions constituées, organisées, comme il faut une charpente et des murs à une maison. Les formes représentatives étant devenues inopportunes, il faut bien qu'un autre genre de corps politique se place entre la masse générale et la royauté. Sans cette condition, la royauté surtout serait fréquemment et fortement compromise; car il lui suffirait d'une erreur d'action ou de spéculation pour provoquer une improbation populaire, et l'improbation des masses est toujours tumultueuse et impétueuse.

Il serait donc nécessaire d'établir, autour du pivot monarchique, un corps régulateur chargé, d'une part, de donner à ce pivot une assiette inébranlable, d'un autre côté de retenir ses empiétements d'autorité, ses usurpations de prérogatives.

Quelle forme conviendrait-il de donner à

cette institution? Pour le découvrir, étudions l'organisation de l'homme. C'est là, dans cet être le plus complexe, et en même temps le plus riche en facultés, que le Principe universel doit avoir combiné les formes constitutives avec le plus de simplicité et d'harmonie. Chacun de nous est donc le plus parfait modèle de gouvernement constitutionnel; et en voici les dispositions fondamentales:

Notre cerveau est un monarque placé au sommet de notre axe vital, comme le pilote au gouvernail du vaisseau. Le sang, qui circule sans cesse entre tous les points de notre économie, le sang qui les alimente tous, le sang est, en nous, la masse populaire; tout en émane; mais il ne gouverne pas; il est gouverné par un système dont il est directement et continuellement la source, par le système nerveux, qui n'est autre chose que le système sanguin élaboré, perfectionné, dans la région supérieure, dans la région cérébrale; et ce système nerveux, véritable régulateur de l'économie organique, reçoit le premier les impressions offensives adressées au cerveau, les amortit par la souffrance même qu'elles lui causent; d'un autre côté, lorsque c'est le cerveau qui s'exalte, qui tend à sortir de sa sphère, c'est encore le système nerveux qui provoque contre lui la réaction douloureuse, mais répressive et salutaire, de tous les organes inférieurs.

Imitons, autant qu'il nous est possible, cette sage disposition. Entre le Roi et le peuple plaçons un corps composé d'hommes émanés de la seule classe qui maintenant existe, de la classe populaire, mais élaborés par les circonstances élevées de leur situation. Que chacun, possesseur d'une fortune territoriale considérable, assurant son indépendance, tienne au pays par le sol, à l'état par une famille, personnelle ou adoptive; que, de plus, chacun soit parvenu à l'âge de maturité, et, pendant les vingt ou trente années qui ont précédé cet âge, qu'il ait servi la société dans des fonctions de l'ordre civil ou judiciaire, ou dans l'armée, ou dans l'instruction publique. Que tout homme ayant rempli ces conditions n'ait besoin que d'elles pour avoir acquis le droit de se présenter, comme candidat, au corps régulateur; que cependant sa candidature, publiquement annoncée, reste pendant un an soumise au contrôle pleinement libre de l'opinion publique; que celle-ci, recueillant tous les témoignages, déclare si, pendant ses vingt ans de fonctions sociales, le candidat a soigné avec zèle, capacité, délicatesse, les intérêts qui lui étaient confiés; que cette déclaration, si elle est favorable, soit en quelque sorte légalisée par la signature officielle du Roi et du corps régulateur lui-même, reconnaissant ainsi la notoriété de l'estime publique accordée au candidat; et qu'aussitôt, sur cette seule et véritable nomination faite par le peuple, l'investiture lui soit donnée.

Que si, au contraire, l'enquête de l'opinion publique a été défavorable, ou si seulement il n'y a pas eu de formels suffrages, si le silence du peuple, réputé jadis la leçon des rois, a été gardé, que le candidat soit repoussé. Flétrissure comminatoire! Quel homme d'honneur ne s'attacherait point à la prévenir?

Un corps ainsi composé mériterait, ce me semble, toute confiance, et suffirait à la garantie de tous les intérêts. Il donnerait naissance, dans l'état, à une hiérarchie imposante, à une hiérarchie de capacités éprouvées et estimées. Inamovible dans ses fonctions, il imprimerait à leur emploi sa propre gravité. Fruit immédiat de la liberté de la presse, il en serait la sauvegarde, et afin qu'elle conservât sa puissance, il la préserverait de ses propres excès. Votant, sur l'initiative de la royauté, toutes les lois, spécialement les lois de finances, il les garantirait de précipitation, de versatilité, d'inconséquence. Placé entre le peuple et le Roi, mais indépendant de l'un et de l'autre, il fonderait enfin, dans la monarchie française, ce qui est nécessaire à toute monarchie constitutionnelle, un balancier à la fois aristocratique, et democratique, c'est-à-dire un balancier à la fois stable et mobile, comme le genre d'équilibre qu'il serait chargé de maintenir.

C'est ainsi que le balancier nerveux est constitué dans le corps de l'homme : sa partie épinière en fait un organe cérébral, un organe aristocratique; sa partie ganglionnaire en fait un organe sanguin, un organe populaire ou démocratique. Aussi les deux centres du pouvoir, le cœur et le cerveau, sont toujours en action et toujours en équilibre.

VIII.

Mais le plan de Monarchie constitutionnelle que je viens d'indiquer ne serait-il pas une de ces chimériques utopies, ayant la prétention de ne pouvoir être, pour les peuples qui les adopteraient, que sources de biens et d'avantages, sans mélange d'inconvénients et de maux ?

Non assurément. De telles conditions seront à jamais impossibles à remplir, non-seulement par la pensée humaine, mais par la nature même, puisqu'il est essentiel à la nature d'être partout, et sans cesse, un mélange de biens et de maux, d'inconvénients et d'avantages. Nous avons pris pour type de la meilleure constitution sociale la constitution organique du corps de l'homme ; nous avons proposé d'en imiter les formes et l'économie ; cependant, il n'est pas donné à l'homme le plus sain, le mieux organisé, et en même temps le plus sage, de ne jamais souffrir, de ne jamais être malade.

Hypocrate disait : « Il est bon de faire, de temps en temps, quelques légers excès ; » il aurait exprimé une vérité plus exacte s'il avait dit : « De légers excès, de temps à autre, sont inévitables, même par l'homme le plus sage. » Lorsqu'une de ses facultés se trouve dans un état prononcé d'ardeur et de force, comment la retiendra-t-il sur la ligne précise qu'elle ne doit point dépasser ? Qui lui indiquera d'ailleurs cette limite précise ? Le poëte, le peintre, le musicien, s'arrêteront-ils dans leurs compositions, lorsque l'inspiration les enflamme ? Là est l'expansion qui fait leur bonheur, qui fait leur génie.

Et, pour citer une émotion plus commune, d'un genre plus modeste, l'homme de très-bon appétit, que vous placerez devant une table copieusement et délicatement servie, pourra-t-il ne manger scrupuleusement que ce qu'il aura jugé froidement, et en homme qui raisonne, nécessaire à son alimentation ? Quel est l'homme qui, alors, raisonne, réfléchit ?

Cependant chacun de nous, dans tous les moments où il se laisse entraîner par le feu de la vie à exercer, au delà d'une certaine mesure, l'organe qui en est le foyer, chacun de nous, alors, trouble plus ou moins l'équilibre de distribution dans l'ensemble de ses forces organiques. En de tels moments, c'est le système nerveux du poëte, ou du musicien, ou du peintre, qui est affecté de désordre; c'est l'estomac trop occupé du gastronome qui est dans l'anxiété de la surcharge; et ce désordre, cette anxiété, pendant toute leur durée, tiennent le corps entier en état de souffrance, en état de maladie, mais souffrance, maladie, qui, pour être dissipées, n'ont besoin que de patience et de repos, l'expansion, en chacun de nous: étant, comme dans la nature entière, la puissance essentielle de distribution balancée, la puissance d'équilibre, la puissance de santé.

L'application est facile, et nous l'avons déjà indiquée. Tout peuple qui respire une atmosphère politique calme, sereine, tout peuple qui prospère, marche inévitablement vers l'accumulation des fruits de sa prospérité, et l'engorgement des canaux consacrés à leur écoulement; alors, inévitablement, il souffre, il est malade. Mais sa souffrance, comme celle de l'homme dont nous venons de parler, sa souffrance, s'il est sain et bien organisé, si, selon la distinction judicieuse des médecins physiologistes, le désordre n'est que dans ses fonctions vitales, s'il n'est pas encore dans ses organes, sa souffrance alors ne procède que du travail de réparation, du travail curatif que l'expansion fait en lui-même. Qu'il ait donc soin de ne pas la troubler, de ne pas la gêner, surtout de ne pas la presser dans son action médicatrice, et la congestion naissante se dissoudra, et l'équilibre se rétablira.

Mais insistons sur cette condition en physiologie individuelle. Pour que l'homme rendu malade par l'exercice trop vif ou trop soutenu qu'il a laissé prendre à un ou plusieurs de ses organes puisse se rétablir par la seule action libre et paisible de son expansion essentielle, il faut que ses organes ne soient point radicalement altérés, ou, s'ils sont encore sains, qu'ils ne soient pas contrariés dans leur action naturelle par un régime inopportun, ou par l'accession funeste de substances que l'instinct repousse, et que l'on nomme si improprement *remèdes.*

De même, en physiologie politique, pour que le peuple qui a prospéré, et avec une vivacité ou une permanence desquelles ont résulté les embarras, les souffrances d'une circulation difficile, puisse s'en délivrer, il ne faut également que l'action paisible et soutenue de son expansion essentielle, pourvu toutefois que son mode de gouvernement, son régime, soit sain, bien organisé, ce qui veut dire conforme aux besoins naturels de son tempérament et aux besoins acquis de son âge. Si, déjà parvenu à l'âge mûr, il est soumis au régime qui aurait pu convenir à sa jeunesse, loin que ses maux se dissipent, ils s'aggravent au contraire, ou du moins se compliquent et se prolongent; et alors, comme dans un malade gouverné par un médecin imprudent, le désordre, qui d'abord n'était que dans l'exercice des fonctions sociales, peut passer aux organes mêmes de ces fonctions, ce qui compromet fortement l'existence.

En fait de gouvernement d'un peuple, la raison philosophique doit donc chercher, non la forme de constitution sociale qui procurerait à ce peuple un bonheur constant, celle-là est impossible, mais celle qui s'adapte le mieux à sa nature, vive ou tranquille, et en même temps aux progrès qu'il a déjà faits en civilisation, en intelligence. Si son âge de civilisation est déjà avancé, si, pour cette raison, son intelligence est très-développée, et si l'égalité des droits est, pour lui, une acquisition consommée, ou près de l'être, sa constitution sociale doit être à la fois grave et libérale, par conséquent s'attacher à remplir ces quatre conditions : stabilité, dignité du pouvoir, liberté, sécurité du peuple.

Je crois pouvoir penser qu'elles découleraient du plan que je viens d'indiquer. Puisse l'avenir amener des circonstances qui en rendent l'établissement calme et facile !

Mais je ne saurais me le dissimuler : de telles circonstances elles-mêmes ne peuvent être que lentes et difficiles à produire. Les grandes fautes en politique laissent après elles de longues traces, et de grandes erreurs amènent nécessairement de grandes fautes.

IX.

C'est par une très-grande erreur que nous tous en France, il y a cinquante ans, nous nous sommes passionnés pour les formes du gouvernement anglais. Ces formes étaient bonnes en Angleterre, par cela seul qu'elles y étaient possibles, et elles n'y sont pas encore pleinement usées; mais, en France, la nuit du 4 août aurait dû nous démontrer que, pour nous, leur temps était passé. Tous les corps à expansion essentiellement réactive, venant, d'enthousiasme, se fondre dans la masse du corps à expansion essentiellement progressive, c'était la fin définitive du balancement par faisceaux distincts; c'était la consécration solennelle de l'égalité des droits politiques, ou de l'infusion réciproque des deux expansions antagonistes. Que nous restait-il dès-lors à représenter?

Aussi, nous commençâmes par ne former qu'une assemblée unique, une assemblée *constituante*, ensuite une assemblée *législative* également unique, ensuite une *conven-*

tion encore unique, décrétant la République *une* et *indivisible*, décrétant surtout l'uniformité du malheur, et le niveau de la mort.

C'était affreux; et cependant c'était de la logique! Nous essayâmes timidement de nous en écarter; notre Conseil des Anciens et notre Conseil des Cinq Cents, mis en regard l'un de l'autre, ne formèrent ensemble qu'une chimérique inconséquence. Un soldat, plein à la fois de bon sens et d'audace, la dissipa de son souffle impétueux; et, à son tour, obéissant aux préjugés de l'époque, il institua deux simulacres de faisceaux, un *Corps législatif* et un *Sénat conservateur*, ayant en apparence des attributions distinctes, mais en réalité n'en ayant aucune. Un seul corps fut, sous son impulsion, gouvernant et régulateur : ce fut le *Conseil-d'État*. Mais résistant à tout, excepté au Dictateur suprême, il ne put le préserver de l'abîme où lui-même se précipita.

A sa chute, l'occasion pour une rénovation salutaire, pour la fondation d'un gouvernement reconstructeur et opportun, semblait grande et heureuse. Louis XVIII, de sa main débile, ne put la saisir; d'ailleurs il revenait d'Angleterre; comme nous tous il l'avait mal étudiée, mal comprise; d'ailleurs encore tout son entourage exigeait de lui la résurrection des anciennes corporations religieuses et des anciennes démarcations féodales; ce qu'il avait le bon sens de juger impossible, ce dont cependant il ne pouvait prévenir la téméraire tentative qu'à l'aide de corps trempés, pour ainsi dire, dans les idées du jour. D'ailleurs enfin il avait besoin de contraster le plus possible, par son genre d'attitude monarchique, avec le despotisme de Napoléon.

Par tous ces motifs, il essaya de créer de toutes pièces un mécanisme de *trois pouvoirs* en contrôle réciproque, espérant imiter ainsi, autant que les circonstances le permettaient, la constitution politique du peuple anglais.

Mais il lui manquait une circonstance, une condition, de nécessité première: l'existence connexe de deux forces distinctes, existant par elles-mêmes, en opposition réciproque, et n'ayant besoin que d'être tenues en équilibre par un pouvoir régnant et indépendant.

L'Angleterre possède encore ces deux forces distinctes ; la France ne les possède plus ; et, partout où elles existent, elles ne sont jamais l'œuvre que du temps, sans que nulle volonté humaine puisse les produire, ni les reproduire lorsque le temps les a détruites.

Les trois pouvoirs institués par Louis XVIII se réduisirent donc à une royauté mal définie, et une chambre parlementaire vaguement divisée en deux sections presque homogènes. Nulle entremise, nul modérateur possibles, entre ces deux forces antagonistes, le parlement et la royauté, aspirant chacune à étouffer l'action de l'autre. On a vu aussi, de 1815 à 1830, l'effort graduellement usurpateur de la royauté, et, depuis 1830, l'effort graduellement usurpateur du pouvoir parlementaire, l'un et l'autre de ces deux efforts conduisant aux convulsions de l'anarchie !

Ce tableau de nos divagations politiques laisse à notre âme de la tristesse. Comment sortir d'une situation fausse qui s'est invétérée par de si longues, de si profondes erreurs ?

Espérons cependant. Et d'abord fixons avec précision la nature des vœux que nous devons poursuivre avec constance, manifester avec franchise. Dans tout sujet important de détermination et de désirs, il faut se donner en perspective un but formel à atteindre, afin de pouvoir marcher avec fermeté, et, par là, d'économiser le temps et les efforts.

Disons ensuite que tout peuple fort et animé qui se sent travaillé par un trouble intestin, ne peut cependant fléchir que jusqu'à un certain degré sous la cause du désordre dont il gémit. Semblable à l'atmosphère en état d'orage, il faut qu'il se délivre de cette situation pénible; il faut que par mouvements graduels et soutenus, ce qui est le plus désirable, ou par mouvements brusques, violents, par convulsions et par tempêtes, ce qui est effrayant, il faut que le balancement s'effectue et que la sérénité ait son tour. Si une cause de mal et de souffrance pouvait vaincre le Principe, en étouffer la Loi, elle serait plus forte que le Principe; elle serait devenue elle-même le Principe; l'univers se dissoudrait.

X.

Nous venons de tracer, conformément aux indications du principe, la constitution sociale qui serait la plus convenable à un grand peuple, tel que le peuple français, parvenu à un degré très-élevé de civilisation. Nous devons maintenant étudier ses mœurs générales, car c'est par elles que l'esprit de son gouvernement doit être dirigé.

Ces mœurs, comparées à celles des temps antérieurs, sont meilleures sous plusieurs rapports, moins bonnes sous plusieurs autres. Le Principe universel veut que, dans l'existence des êtres vivants, quelle que soit leur nature, toutes les parties, tous les effets, ne cessent de changer, sans cesser de se tenir en équilibre.

Nos ancêtres avaient des habitudes austères, recueillies; leurs affections salutaires, quand ils en éprouvaient, étaient d'une grande profondeur et d'une opiniâtre persévérance. Mais il en était de même de leurs passions désastreuses, la haine, la vengeance;

elles devenaient odieuses, cruelles, féroces, par excès d'acharnement et d'obstination.

Chez les peuples arriérés en civilisation, la faculté de se souvenir est puissante, et elle a bien ses inconvénients ; chez les peuples d'une civilisation avancée, c'est la faculté d'oublier qui chaque jour augmente, et elle a bien ses avantages.

Ainsi que les souvenirs, l'économie s'entasse chez les peuples arriérés en civilisation, elle y dégénère en avarice ; et chez les peuples d'une civilisation avancée, elle est aussi comme les souvenirs, elle s'évapore.

Chez les peuples arriérés en civilisation, le vulgaire est frappé de tout ce qui s'élève, même très-faiblement, au-dessus de la ligne commune ; ce qui excite le développement, non-seulement des qualités utiles, des efforts estimables, mais aussi des qualités chétives, des puériles vanités. Chez les peuples d'une civilisation avancée, les petits talents, les petites originalités, les grands talents même et les originalités marquées, n'attirent que peu ou point l'attention publique ; ce qui décourage bien des intentions honorables, mais aussi bien des prétentions fastueuses ou turbulentes. Chaque jour il devient plus difficile de *faire du bruit*.

Dans les pays très-avancés à la fois en civilisation et en industrie, l'extrême opulence et l'extrême indigence, le bien-être parfait, et l'excessif mal-être, se montrent sur le même sol, parce qu'ils s'y produisent l'un par l'autre. L'avidité manufacturière entasse dans des lieux étouffés un grand nombre d'invidus de tout âge, de tout sexe, dont elle fait de simples machines, sans leur demander ni adresse, ni intelligence, auxquels, pour cette raison, elle ne donne qu'un très-faible salaire, tout en faisant de grands bénéfices sur les fruits de leur travail. L'appât de ce chétif salaire est cependant suffisant pour exciter les familles indigentes à augmenter le nombre de leurs enfants. Dès leur plus bas âge ces enfants reçoivent une rétribution supérieure à leur misérable dépense. On voit aussi, dans tout village où une manufacture s'établit, la population s'accroître rapidement. Mais le temps arrive, un peu plus tôt, un peu plus tard, toujours bien vite, où l'écoulement des produits de la manufacture se ralentit, finit par se suspendre, et alors se trouve brusquement superflue cette masse d'êtres que le fabricant abandonne à la détresse après avoir provoqué son existence.

Mais alors aussi les ouvrages sortis de ses ateliers entrent dans le commerce au prix le plus bas; ce qui les met à la portée de quiconque a le plus petit pécule à dépenser.

C'est ainsi que chez les peuples d'une civilisation avancée, et en même temps producteurs abondants d'ouvrages manufacturés, si l'on excepte les individus plongés dans les sépulcres mécaniques, tous les autres gagnent sans cesse en moyens de bien-être; chacun est nourri avec plus d'abondance, logé d'une manière plus saine, plus commode, vêtu avec plus de propreté; et la nourriture fournit à l'action vitale, non-seulement plus de principes alimentaires, mais des principes plus vivement excitateurs de la vitalité. Par la combinaison de toutes ces influences, le tempérament de l'homme, de la femme, des enfants, augmente graduellement d'activité; ce qui le rend, non précisément plus fort, mais plus avide de mouvement, de changement, plus mobile. Les désirs, les penchants, les passions, s'éloignent donc chaque jour davantage de la concentration, se rapprochent chaque jour davantage de la saillie, de l'impétuosité, de la pétulance; et comme les résistances provoquées par toute expansion outrée font naturellement effort pour se porter à une expansion de même mesure, les luttes d'intérêt, d'amour-propre ou d'amour, chez de tels peuples, doivent prendre aisément, fréquemment, un degré d'irritation qui les expose à devenir criminelles. Mais ce sont des torrents qui passent avec une rapidité égale à leur violence. Chez les peuples arriérés en civilisation, ce sont des fleuves dont les vagues lentes et épaisses ont de la durée.

La société, aux époques de civilisation avancée, est donc beaucoup plus agitée qu'aux époques de civilisation naissante, et cette agitation est un mal; mais cette agitation qui, dans les petites choses, n'est que légèreté, insouciance, permet à l'humeur domestique et sociale d'être accommodante, souple, facile, tandis que, chez les peuples arriérés en civilisation, elle est souvent chagrine, morose, exigeante; l'intérieur des familles en est fréquemment assombri. A ces époques, d'ailleurs, les divergences de goûts et d'opinions dégénèrent sans cesse en querelles, parce que chacun, n'ayant encore qu'un petit nombre d'idées, y tient jusqu'à l'entêtement. Et ce qui expose cet entêtement à devenir funeste, c'est que, chez les peuples arriérés en civilisation, les idées en petit nombre qui forment l'apanage intellectuel de la plupart des individus sont par cela même étroites et fausses, principalement sur les choses de première importance, sur l'éducation par exemple.

Que le système, il n'y a encore qu'un demi-siècle, en était hargneux, oppressif, tyrannique! avec quel soin brutal il étouffait l'expansion du corps et celle de l'âme, à l'âge où la nature leur imprime le plus d'ardeur! Aussi, la mortalité des enfants était d'une désolante abondance. Parmi ceux qui survivaient, quelques-uns, en très-petit nombre, d'une constitution nativement vigoureuse, et que la rudesse même de leur régime avait ensuite fortement trempée, s'élevaient, comme de rares météores, au milieu de la tourbe de leurs contemporains, dégradés, serviles, stupides, hypocrites et menteurs.

C'était sur les enfants de la classe inférieure surtout que pesait cette éducation absurde. Aussi, devenus hommes faits, ils n'inspiraient aux hommes des classes élevées que défiance, haine, mépris. A leur tour, ils ne voyaient dans le plus grand nombre de ceux-ci que des tyrans perfides, uniquement occupés de les tromper et de les asservir.

La liberté est venue, fille du bon sens et des lumières. Mais ce bon sens et ces lumières étaient, dans l'âme humaine, des ressorts depuis si longtemps comprimés, que leur développement, semblable à celui de la bombe, ne pouvait se faire que par explosion violente. C'est ce qui, au souvenir de ce développement, nous frappe encore de terreur. Rassurons-nous. Ce n'est jamais par eux-mêmes que les ressorts, une fois détendus, se replient sur leur centre, pour se provoquer à des explosions nouvelles. La liberté véritable, celle dont nous venons de donner la définition exacte ; la liberté, fille du bon sens et des lumières, est maintenant acquise par nous, peuple le plus sensé, le plus éclairé. Chez nous du moins, elle ne sera plus exaspérée, ni, par conséquent, portée à une irritation funeste. C'est donc le moment d'étudier chez nous et d'apprécier ses bienfaits.

Le plus frappant à mes yeux est cette habitude de discrétion et de probité que prennent, sans même y songer, les hommes des classes inférieures, les hommes de travail mécanique et journalier : j'en ai sous les yeux, en ce moment, un témoignage que je crois devoir citer.

Un entrepreneur de bâtiments dans mon quartier, chargé de construire, près de ma demeure, une maison considérable, et n'ayant point d'eau à sa portée, est venu me demander celle de mon puits. Je l'ai mise à sa disposition. J'ai donné à ses ouvriers une clef de mon jardin. Pendant cinq mois, ils s'y sont succédé en grand nombre, et assurément sans aucune surveillance. Une telle confiance, il y a cinquante ans, aurait passé pour très-imprudente ; et vraisemblablement je ne l'aurais pas eue, tous mes voisins m'en auraient détourné. Aujourd'hui elle ne m'a pas coûté la plus légère hésitation, et ne m'a exposé à aucun regret. Mon jardin, cette année, a été couvert de fruits; le puits surtout a été environné de pêches et de raisins; les jeunes maçons n'y ont pas touché; et la plupart étaient des apprentis presque sans vêtements, arrivés d'hier de leur village. Il y a trois ans, un scieur de bois, âgé de plus de soixante ans, que j'appelai dans ce même jardin, fit, à mes dépens, une copieuse vendange.

N'en doutons pas : la plupart des hommes vivant dans une atmosphère sagement libérale, se plaisent à l'honnêteté, à la candeur, répugnent à l'improbité, à la bassesse et au mensonge. Je causais quelquefois avec ces jeunes ouvriers; leur langage était raisonnable, judicieux, attestait réflexion, intelligence, respect de sentiment et d'habitude pour les lois de la société; et tel est aujourd'hui le caractère général de la classe ouvrière. Sans doute, lorsque l'ouvrage vient à manquer aux hommes de cette classe, l'oisiveté peut les corrompre, le désespoir les égarer; et, nous l'avons dit, la cessation du travail suffisant est, dans les états qui prospèrent, une calamité périodique qui ne peut être prévenue, puisqu'elle est amenée par la prospérité même du travail. Là, dans cette calamité périodique, est, pour les gouvernements des peuples, l'occasion la plus importante de déployer une autorité à la fois paternelle, prévoyante et ferme, car les peuples alors souffrent, murmurent et ne raisonnent pas.

Mais, selon toute vraisemblance, l'instruction découlant de la connaissance du système universel, conduira bientôt les peuples mêmes à rendre plus facile la tâche des gouvernements. Pourquoi, leur dira-t-on, construisons-nous des habitations closes et solides? Parce que nous savons que tous les ans viendra une saison de pluies et d'orages. Et quelle saison choisissons-nous pour préparer ces abris salutaires? La saison des beaux jours. Eh bien! puisque nous savons que, dans l'atmosphère sociale, le plan de la nature entremêle également les jours d'orage et les jours de sérénité, employons ceux-ci à construire des asiles, évitons toute dépense sans réflexion et sans utilité.

Que les hommes de toutes les classes concourent à réaliser cette pensée, et la prudente économie deviendra l'habitude générale. Les hommes de travail entre autres se placeront sous la tutelle des caisses d'épargne, tutelle que l'on pourrait, ce me semble, rendre encore plus attrayante, plus bienfaisante; il suffirait pour cela, lorsqu'elle recevrait le dépôt qui lui serait confié par un ouvrier, père de famille, recommandé par le maire de sa commune et par son chef d'atelier, de l'inscrire pour un intérêt plus fort que celui qu'elle donnerait aux autres déposants. L'état ferait les frais de cette gratification courante, qui, ramassée pendant le cours du travail secondé, pourrait suffire à l'ouvrier sage et prévoyant pour lui donner les moyens d'acquérir une petite propriété champêtre : sujet de travail qui ne chôme pas.

XI.

Nous marchons, en France, vers la raison pratique; et la France est aujourd'hui le guide des nations. Déjà en France, deux erreurs flétrissantes, l'une pour les mœurs publiques, l'autre pour l'esprit humain, s'affaiblissent, semblent disparaître. D'une part, on voit moins de ces hommes impudents, de ces Robert Macaire, se jetant, comme des vautours, sur tous les genres de proie, et faisant parade de leur mépris pour toute pudeur, tout scrupule, toute délicatesse. D'un autre côté semble s'épuiser également ce bouillonnement d'idées, état souvent factice, d'hommes froids, s'évertuant à traverser le pathétique, profanant les noms de poésie, de talent, de nature même, en l'appliquant au dénaturé et à l'extravagant. Que de productions monstrueuses sont émanées de cette muse brutale ; et que ses inspirations ont enfanté de crimes monstrueux !

Jetons un voile sur ces déplorables aberrations de l'humanité. Quand on a passé par un tel délire, on est saisi de douleur et de honte ; on n'y retombe plus.

XII.

Passons maintenant à l'examen des circonstances politiques actuelles ; et toujours guidés par le Principe de tous les genres de mouvements, cherchons quelle sera l'issue de ce que l'Europe appelle aujourd'hui la question capitale, la question d'Orient.

Mais c'est surtout à une question de ce genre qu'une préparation graduelle est nécessaire; car, à cause de son étendue, de sa complication, et de tous les éléments de nature vague ou éventuelle qu'elle embrasse, elle ne peut être résolue qu'approximativement, et en fondant les vraisemblances de sa solution, d'une part sur les données actuelles que l'on possède, d'un autre côté, et avec plus de confiance, sur la marche certaine du Principe et de ses applications générales.

Commençons donc par bien fixer, dans notre pensée, les caractères essentiels du Principe; et, en ce moment, donnons spécialement notre attention à celui de ces caractères par lequel il influe le plus directement sur tous les genres d'associations, soit simples, soit composées. Considérons d'abord les plus simples; leur étude est nécessairement la plus favorable à la connaissance des lois générales de l'association.

Je prie le lecteur de me pardonner cette forme d'argumentation. C'est surtout dans les sujets de haute importance qu'elle doit être employée; par elle seule on raisonne avec fermeté, et on démontre.

Le Principe, nous le savons, c'est l'*Expansion en équilibre;* l'Expansion, c'est le mouvement continu et universel dans le sens de l'extension indéfinie; l'Équilibre d'Expansion, c'est le balancement continu et réciproque de tous les actes d'Expansion particulière.

De ces définitions, il suit que plus un corps est divisé en parties semblables et atténuées, plus ces parties sont rendues mobiles par l'expansion qui les pénètre, et plus, en même temps, elles cèdent avec facilité, avec promptitude, au balancement réciproque qui tend sans cesse à les entremêler. Observons le corps le plus divisé que nous connaissions, le plus atténué dans ses composants, celui que nous appelons *calorique,* et qui produit universellement les effets de chaleur. Sans cesse ses éléments se meuvent, se déplacent, et toujours dans le but de se distribuer avec uniformité dans l'espace qui est accordé à leurs mouvements. A cette distribution balancée qui, pour ainsi dire, serpente sans repos entre les corps terrestres, les physiciens ont donné le nom d'*Équilibre mobile*, mot exact et judicieux.

Les gaz viennent après le calorique dans l'ordre de la ténuité des parties, et de la facilité de leur balancement. Les gaz, ceux, par exemple, dont l'atmosphère est composée, sont tributaires de l'*Équilibre mobile* à un degré encore très-marqué. Les vents, doux ou violents, ne sont jamais que des actes d'infusion gazeuse réciproque, provoqués par la loi de l'équilibre mobile.

Après les gaz, sous le même rapport, viennent les liquides. Ils tendent sans cesse, lorsqu'ils sont libres, à l'uniformité de densité et de température. Les navigateurs savent combien les mers les plus vastes sont traversées en tout sens, à toutes les profondeurs, par des courants chargés de conduire, autant qu'il est possible, la masse entière de leurs eaux à l'uniformité parfaite.

Ainsi l'équilibre est la tendance continue des trois genres de corps les plus répandus et les plus mobiles : le calorique, les gaz et les liquides. C'en est assez pour nous démontrer que ce genre d'équilibre, cet Équilibre mobile qui, ainsi que nous l'avons dit, serpente sans cesse entre tous les points de l'espace, est, dans la nature, un fait général et fondamental. Suivons-le en Physiologie politique.

Dans un corps dont les éléments sont des êtres organisés, sensibles, intelligents, dans une société humaine, ces éléments sont loin d'être disponibles pour les mouvements de balancement réciproque comme le sont les globules d'eau d'une masse aqueuse. D'ailleurs, ces globules aqueux sont tous homogènes ; au lieu que les divers membres d'une société humaine sont indéfiniment variés de constitution, de tempérament, d'intelligence, de caractère. Leurs rapports réciproques ne sont jamais, sans doute, que de l'expansion en exercice, puisque tout homme, toute femme, tout enfant, qui cesserait d'être en expansion, cesserait de vivre, d'agir et de sentir. Mais l'expansion de chaque homme bien organisé est très-riche et très-complexe ; elle est le résultat harmonique de l'union qui s'établit dans son sein entre les expansions particulières de tous ses organes, et chacun de ses organes a un mode particulier d'expansion. Il n'en est pas ainsi de la goutte d'eau; elle n'a point d'organes spéciaux, de parties distinctes; sa substance entière est homogène; pour cette raison son expansion est radicalement simple, ainsi que l'ordre essentiel de ses relations. Au lieu que l'être humain, par la richesse de sa constitution organique, se trouve en relations, non-seulement avec ses semblables, mais avec tous les êtres de la nature. La loi de l'équilibre mobile, dans une société humaine, ne doit donc s'exécuter qu'à travers incomparablement plus d'essais, plus de fluctuations, que dans une masse aqueuse; mais elle doit également régir l'économie générale de cette société; car, si elle y perdait son autorité, cette société, dépouillée de balancement, ne serait plus qu'un chaos, n'aurait plus d'existence.

Nous voyons aussi que, dans une société humaine, tous les individus agissent et réagissent les uns sur les autres. Il n'est point d'acte individuel qui, au degré de son importance, ne soit profitable ou nuisible, d'abord aux êtres environnants, ensuite, par irradiation de solidarité, à la société tout entière. De là procèdent, contre les actes nuisibles, les réactions immédiates, et, au besoin, les réactions sociales. Si un individu s'élève fortement au-dessus du niveau commun, mais par un dévouement généreux, ou un travail utile, il n'y a point de réclamation, il y a approbation au contraire; l'ordre général est affermi. Mais si les moyens qu'un homme emploie pour s'élever ne sont point justes, légitimes, s'ils ne peuvent être avoués par l'honneur ni la conscience, le succès attire le reproche, le mépris, la haine, provoque des coalitions agressives qui ont du succès à leur tour. Et si enfin l'infraction à la morale commune dépasse certaines bornes, si l'ordre général en est compromis, l'instinct social y a pourvu; il a fondé des institutions, des Magistratures, qui refoulent cette usurpation funeste. Dans toutes les sociétés humaines, la Magistrature, protectrice de l'expansion du faible, répressive de l'expansion du fort, est le principal ministre de la loi de l'Équilibre.

XIII.

Nous voici arrivés au genre le plus compliqué des mouvements solidaires soumis au contrôle de la réciprocité.

La partie habitable de la surface terrestre a été, dès l'origine, beaucoup trop considérable pour pouvoir n'être occupée que par une seule société; elle a été saisie successivement, ou en concurrence, par un grand nombre d'agrégations naissantes; chacune a fixé son séjour sur le fragment dont elle s'est emparée; et, dès ce moment, a commencé, pour chacun de ces noyaux politiques, le besoin de germer, de s'étendre. Expansion! Expansion! c'est l'acte continu de tous les êtres, dans tous les lieux, dans tous les temps; mais réaction continue de l'expansion sur elle-même, et balancement mutuel de tous les effets opposés que sans cesse elle produit, c'est sa loi éternelle, universelle. Toute l'histoire des peuples n'est jamais, ne sera jamais, que le récit de leurs luttes d'expansion, et de l'Équilibre mobile gouvernant les rapports de ces luttes entre elles.

C'est naturellement entre peuples contigus que les luttes d'expansion s'établissent. Cependant les peuples contigus ne sont pas toujours en agression réciproque. Quelquefois, au contraire, il se forme entre eux des alliances plus ou moins sincères et durables. Mais, pour les peuples qui, alors, contractent ces liens, c'est encore le besoin d'expansion sociale qui en est le moteur et le motif. Dans le voisinage de ces peuples, il s'en trouve un autre plus formidable, plus audacieux, plus menaçant; la crainte qu'il inspire unit fortement ceux qui le redoutent.

C'est ainsi que le peuple français provoqua la coalition de tous les peuples de l'Europe, lorsque, dans le paroxysme de sa révolution, il épouvanta le monde, et, encore plus, lorsque son impétuosité, réglée, maîtrisée par un grand homme, prit, dans ses mouvements, de l'ordre et de l'unité.

Quel fut alors l'ardent foyer de cette coalition terrible? l'Angleterre; et quel en fut l'auxiliaire le plus puissant? la Russie. Union évidemment forcée, car, dès le lendemain de la chute de Napoléon, elle fut rompue; la France n'était plus à redouter.

Pendant les quinze années qui suivirent, quelle était la lutte qui couvait sous les cendres de nos désastres? C'était celle de l'expansion commerciale et maritime du peuple anglais, contre l'expansion commerciale et maritime du peuple russe. Notre révolution de 1830 en prévint le développement. La Russie, monarchie absolue, fut alarmée, par cet événement, beaucoup plus que l'Angleterre, monarchie constitutionnelle. L'animosité du czar contre la France se prononçant avec rudesse et franchise, il fut facile au célèbre négociateur, Talleyrand, de porter l'Angleterre à prévoir, à espérer, que la France la seconderait dans sa résistance aux envahissements de la Russie. Ainsi fut tramée et tissue l'alliance anglo-française; Nicolas en fut le véritable promoteur. L'Angleterre le craignait, et la France ne l'aimait pas.

Telle a été, pendant quelques années, la situation respective de ces trois grands états, la France, l'Angleterre, et la Russie. Sous l'égide du traité de la quadruple alliance, il y a eu, entre elles, et dans toute l'Europe, pendant quelques années, un de ces repos de convention, qui, dans aucun temps et aucune contrée, ne peuvent se soutenir, parce que jamais, et nulle part, l'expansion sociale ne s'en accommode; celle-ci jamais ne s'arrête. Depuis dix ans, l'Angleterre n'a cessé de s'étendre sur le golfe Persique, la Russie d'empiéter sur les avant-corps de l'Indostan, la France de travailler à affermir ses possessions d'Afrique, et surtout de féconder, en France même, l'activité de ses habitants.

Là, sur le sol français, est, pour l'Europe, et surtout pour l'Angleterre, un foyer d'expansion plus redoutable, du moins en ce moment, que l'ambition de Nicolas. La puissance des Anglais est colossale; mais la base en est fragile; elle a sans cesse besoin de nouveaux étais. Pour un peuple qui veut se perpétuer, la force première et essentielle doit être, comme en France, celle de sa population locale et indigène; plus il multiplie ses extensions coloniales, plus il se donne des superfétations sans adhérence. Qu'étaient, pour l'Espagne, le Pérou et le Mexique? un immense embarras. Et l'Angleterre a-t-elle pu conserver le magnifique territoire possédé maintenant par les États-Unis? Le Canada lui échappera de même, parce que là, comme aux États-Unis, il y a un sol et un climat favorables à la production d'une grande et forte population locale. L'Inde pourra quelque temps encore rester asservie; elle n'a qu'un sol et un climat de lâcheté et d'indolence; et quand le peuple chinois accepterait aussi, sur quelques points de ses côtes, l'oppression britannique, il n'y aurait rien de surprenant; c'est une nation de castors, sans chaleur de tempérament, sans vigueur intellectuelle.

Mais, en résultat, que reviendra-t-il à l'Angleterre de l'immensité de ses conquêtes? Son expérience actuelle peut déjà nous l'apprendre. C'est surtout depuis cinquante ans qu'elle a saisi, à la surface du globe, les principaux centres du mouvement commercial. Pour les garder, pour les mettre en œuvre à son profit, elle a créé partout des comptoirs et des citadelles; elle a fortement enlacé dans la sphère de sa capitale tous ces points d'une production féconde, maîtrisés par son action énergique. Eh bien! quelle est, en ce moment, sur ses foyers, en Angleterre même, sa situation sociale? Sa dette énorme s'est-elle allégée? non; elle a augmenté. Sa plaie hideuse, le paupérisme, s'est-elle cicatrisée ? non ; elle s'est élargie et envenimée. Son ulcère rongeur, l'Irlande, a-t-il perdu son âcreté, sa violence ? non ; il n'est aujourd'hui que plus enflammé. Quel est donc le caractère d'une prospérité de source extérieure qui, loin de guérir les maux intérieurs, en accroît l'intensité ?

Quel est ce caractère ? il est facile de l'indiquer : c'est celui que l'imagination fantastique de nos pères prêtait à ces *vampires* dévorants, insatiables, qui s'acharnaient sur les hommes, les femmes, les enfants, de la santé la plus florissante, et suçaient impitoyablement toute leur substance.

Tel est le sort du peuple anglais ; il faut qu'il augmente sans cesse, aux dépens même de son sang, la pâture de la masse immense de prolétaires qu'il a créée. Pour en soutenir la dévorante existence, il s'est imposé le besoin fatal d'aspirer au monopole universel. Que, dans les villes manufacturières, le mécanisme producteur se suspende, par cessation d'écoulement, aussitôt convulsion, bouleversement, catastrophe politique. Et comme, par la concurrence des travaux d'ungenre semblable, exécutés sur d'autres points de l'Europe, en France surtout, le prix vénal des produits anglais éprouve nécessairement une diminution graduelle, il faut chercher d'autres débouchés, il faut en trouver par quelques moyens et à quelque prix que ce soit. Il faut de plus augmenter, autant qu'il est possible, la facilité et la rapidité des communications avec les débouchés que déjà l'on possède, afin de pouvoir baisser le plus possible le prix vénal des marchandises et décourager ainsi les concurrents.

XIV.

Voilà les motifs réels de la marche politique des Anglais dans les circonstances actuelles; et, depuis deux siècles, elle a toujours été la même. Ils veulent conserver l'existence; c'est naturel. Nul être n'y renonce de plein gré, moins encore celui dont l'existence est pompeuse, éminente. Celle du peuple anglais se prolongera, recevra même un accroissement prononcé, si, à travers la Syrie et l'isthme de Suez, il peut s'ouvrir de libres passages vers l'Inde et l'Asie Mineure. Pour les obtenir, il s'est concerté avec le gouvernement de Russie ; et cette alliance a paru monstrueuse; elle ne l'est point, parce que, en face de plusieurs dangers, il faut se garantir d'abord du plus pressant; et le plus pressant, pour l'Angleterre, est, en ce moment, la fermentation chartiste; il faut que le gouvernement anglais se hâte d'occuper lucrativement sa population commerciale et manufacturière; ce qui lui serait immédiatement accordé, si elle devenait maîtresse des deux issues qu'elle convoite. Dans un avenir plus ou moins éloigné viendrait ensuite le danger que lui ferait courir l'occupation de Constantinople par un peuple fort, quel-qu'il fût. Constantinople, c'est une station magnifique entre trois continents, l'Europe, l'Asie, l'Afrique, qui se croisent sur elle. Il n'est pas, sur le globe, de position plus spécieusement destinée à devenir le centre universel de tous les genres de relations. Quel que soit le peuple, autre que l'Angleterre, qui s'en empare, l'Angleterre y perdra inévitablement sa prépondérance commerciale; elle est donc intéressée à ce que Constantinople reste le plus longtemps possible, ce qu'elle est, le domaine négligé d'un peuple tombé dans le marasme. Et la France aussi, et tous les États de l'Europe, excepté la Russie, ont besoin que le simulacre du trône musulman se maintienne le plus longtemps possible.

Mais avec des vœux et des regrets on ne rend point la vie à l'être qu'elle abandonne, il est oiseux d'espérer qu'un trésor de grand prix restera à la disposition d'hommes qui ne peuvent en rien faire, lorsqu'il est sous les regards et sous la main d'hommes qui sauraient le mettre en grande valeur.

Constantinople, quoi que l'on fasse, changera donc, et bientôt peut-être, de possesseur. Ce qui est indubitable encore, c'est que le possesseur puissant que l'avenir lui prépare régnera commercialement sur la Méditerranée, et par la Méditerranée sur les trois continents.

Selon toute vraisemblance, le peuple anglais n'est point ce possesseur futur de Constantinople encore caché sous le manteau de l'avenir. Le peuple anglais n'est pas, du moins encore, l'un des riverains de la Méditerranée; le peuple russe non plus ; mais, placé comme il l'est, sur la rive opposée de la mer Noire, l'entrée de la Méditerranée lui serait donnée par Constantinople ; on voit combien il lui importerait de s'en emparer ; et l'on sait combien il en a le projet et l'envie.

Pour y parvenir, la première et principale résistance qu'il a besoin d'écarter est celle de Méhémet-Ali. Cet homme extraordinaire qui a rendu l'existence à une partie de l'ancienne Égypte, en la faisant surgir des montagnes de sable sous lesquelles quarante siècles l'avaient ensevelie, qui ensuite a eu la force d'arracher la Syrie au plus anarchique brigandage, Méhémet-Ali, selon toute vraisemblance, convoite aussi Constantinople, et lui seul est sincère lorsqu'il proclame ses intentions de conserver l'Empire Ottoman, parce que lui seul, s'il en devenait le maître, aurait l'intention et peut-être la force de régénérer ce vieux empire. Mais ce sont précisément cette force et cette intention, présumées par la Russie et l'Angleterre, qui les unissent contre lui. Et c'est un faisceau plus que redoutable, si Méhémet-Ali est abandonné à son audace et à son génie, si la France ne le soutient pas.

La France armera-t-elle en sa faveur? C'est ici la question palpitante. Écoutons les faits et le Principe; nous l'examinerons avec calme et impartialité.

XV.

Sans doute si la France ne consultait que l'honneur, ainsi que les individus le comprennent, l'honneur chevaleresque, elle devrait soutenir la cause de Méhémet-Ali, puisque, deux fois, elle seule l'a détourné de marcher sur Constantinople.

Mais, en premier lieu, ce fut un service signalé qu'elle rendit alors à Méhémet lui-même, ainsi qu'à l'Angleterre et à tous les peuples de l'Europe, excepté à la Russie, qui, seule, se plaignit sans doute, quoique tacitement, de cette intervention de la France. Tout ce que la Russie désirait depuis le traité protecteur qu'elle avait bien voulu accorder au fantôme impérial de Constantinople, c'était qu'il fût attaqué par le Pacha d'Égypte, car aussitôt elle aurait volé cordialement à son secours; et le Pacha d'Égypte, très-fort, à lui seul, contre toutes les armées de la Turquie, ne peut lutter contre celles de l'Empereur Nicolas. Celui-ci, grâces à l'invasion d'Ibrahim, si elle se fût effectuée, serait déjà, en ce moment, possesseur de Constantinople; ce que tous les peuples européens travaillent à empêcher, ou du moins à retarder.

En second lieu, embrasser ouvertement aujourd'hui la cause de Méhémet-Ali, ce serait, de la part de la France, provoquer, affronter une guerre générale; et la France n'y est rien moins que préparée; ce ne sont ni les hommes, ni l'argent, ni les armes, ni la valeur, qui lui manquent; c'est une condition de première nécessité. Pour qu'un peuple puisse faire la guerre avec avantage, il faut, par-dessus tout, que ce peuple soit uni, et nous sommes très-divisés. Sous la République, nous fûmes unis par la terreur, ressort abominable, qui ne se relèvera plus. Sous l'Empire, nous fûmes unis par le despotisme aidé de l'enthousiasme, et ces deux ressorts demandent un Napoléon, aidé lui-même par des circonstances qui ne se présenteront plus.

Et enfin, toute guerre générale, même brillante, avantageuse, a commencé par compromettre cruellement les intérêts pressants, les intérêts d'existence d'un très-grand nombre d'hommes et de familles qui ont journellement des besoins, des sentiments, étrangers aux sentiments chevaleresques et aux grandes considérations politiques.

J'ai conservé le souvenir d'un mot simple et touchant qui me fut dit à Nanci, en 1813, lorsque toute la France gémissait du désastre de Moscou. J'étais logé chez un libraire, homme âgé, infirme, dont le commerce s'anéantissait; il ne lui restait, pour exister, que l'affection et les faibles secours d'un de ses fils, employé dans les bureaux de la préfecture. Un ordre du gouvernement en fait un soldat. Ce bon jeune homme était désolé. Aux consolations que je tâchais de lui donner, j'en vins à mêler quelques raisonnements sur l'état politique de l'Europe, et la nécessité, pour Napoléon, de relever la fortune de la France, de la reconduire au rang qu'elle devait occuper. — « Monsieur, me dit-il, les intentions et les vues de Napoléon sont admirables, je n'en doute pas; mais si, pour qu'elles se réalisent, je dois mourir sur un champ de bataille, que m'en reviendra-t-il, et que deviendra mon père? »

Je n'eus rien à répondre, et c'est là un genre de paroles que les chefs des États doivent entendre, dans leur âme, comme leur étant adressées par un nombre immense d'hommes, de femmes, de jeunes gens, lorsqu'ils ont à délibérer sur le degré de nécessité de la guerre, et sur la valeur des motifs qui semblent l'appeler.

Aujourd'hui, par exemple, bien des hommes passionnés de bonne foi pour la gloire nationale gémissent encore des désastres de 1815 et des traités qui les ont suivis; ils demandent que l'on se hâte d'en effacer le malheur et la honte. Mais que dit le Principe? que dit la justice? que les désastres éprouvés par la France à cette époque terrible furent le balancement de ceux qui, sous ses pas impétueux, venaient, pendant plusieurs années, d'écraser les peuples environnants; que d'ailleurs les traités de 1815 n'ont point humilié la France, ne l'ont point abaissée au-dessous des conditions de l'équilibre, puisqu'elle est restée en Europe l'une des cinq puissances du premier ordre, et puisqu'il n'est aucune des quatre autres qui, seule contre elle, puisse en être redoutée. Que voudrait-elle de plus? ressaisir la limite du Rhin, afin de redevenir elle-même redoutable? mais alors, par la loi de l'équilibre, se formeraient et s'entretiendraient contre elle de secrètes jalousies, éléments de prochaines coalitions.

Je crois entendre de nouveau le jeune homme de Nanci : — Oui, dirait-il, ce serait un effort mémorable que celui qui, à la suite de brillants combats, reporterait jusqu'au Rhin les frontières de la France; mais si, pour y concourir, je dois recevoir la mort sur un champ de bataille, que m'en reviendra-t-il, et que deviendra mon père?

Si la gloire de la patrie est le sentiment qui domine dans la génération actuelle, pourquoi la conscription militaire est-elle, pour presque tous les jeunes gens, une obligation pénible à laquelle ils s'efforcent de se soustraire; et pourquoi cette loi, d'ailleurs juste, nécessaire, n'est-elle, pour presque tous les pères de famille, que source de tristesse? Là sont des témoignages sincères des dispositions générales; les chefs des états, aujourd'hui, doivent les recueillir, pour ne pas s'exposer à faire sur l'heure un grand nombre de malheureux, en poursuivant à main armée des avantages éloignés, incertains, qui peut-être se changeront en calamités nouvelles.

Mais, dira-t-on, en cherchant même à s'appuyer sur le Principe, faut-il donc laisser un peuple audacieux étendre son territoire, et par là rompre l'équilibre, sans travailler du moins à le rétablir par des extensions équivalentes?

Sans doute, il est telle conquête d'importance majeure, celle de Constantinople, par exemple, qui devra vous alarmer, mais contre laquelle tous les peuples de l'Europe, lorsqu'il en sera temps, vous aideront à prendre vos sûretés. Mais si un peuple audacieux, votre contemporain, cherche à envahir une plage éloignée, vacante, en litige, et d'une conservation difficile, ah! laissez-le faire; que d'efforts, de travaux, de dépenses, de dangers, de malheurs, lui feront peut-être payer sa conquête bien au-dessus de sa valeur! Jusqu'ici, celle d'Alger nous a-t-elle rapporté autre chose? Si elle a troublé l'équilibre de l'Europe, n'est-ce pas plutôt à notre détriment qu'en notre faveur? Un jour, dit-on, elle nous sera profitable. En attendant, elle nous est cruellement onéreuse.

La Syrie est, comme la côte septentrionale de l'Afrique, un vieux pays usé par l'âge et par l'existence pompeuse qu'il a fournie jadis à des peuples nombreux. Si les Anglais s'en emparent, ils seront contraints, pour y maintenir leur domination, d'y faire, comme nous à Alger, beaucoup plus de dépenses que le territoire ne leur donnera de produits. Aussi n'est-ce pas ce qu'ils y cherchent; c'est un passage vers leurs possessions indiennes, passage qui serait en effet plus court, moins difficile que celui auquel d'ailleurs ils songent également, et qui s'ouvrirait à travers l'Égypte, l'isthme de Suez et la mer Rouge.

Quant à l'Égypte, c'est encore un vieux pays dont Méhémet n'a pu renouveler que les deux bandes qui bordent immédiatement le Nil. Toute la Haute-Égypte, si brillante, si féconde, au temps de Thèbes et de Sésostris, est à jamais frappée de stérilité, comme le sol de l'ancienne Babylone et de l'ancienne Carthage; et la résurrection artificielle de la partie gouvernée par Méhémet ne pourra longtemps lui survivre. Cet homme, d'un génie si formidable, et aujourd'hui si rare, surtout en Orient, a forcé par la crainte une population affaissée, indolente, à dompter la nature. La nature, toujours patiente, persévérante, infatigable, ne tardera point à reprendre ses droits; de proche en proche, elle engorgera tous les canaux creusés par Méhémet; elle finira par enfouir de nouveau tout le sol végétal sous des montagnes de sable. L'Égypte alors sera finie.

Reconnaissons-le : ce sera grand dommage. La puissance de Méhémet offre en ce moment sur la terre un spectacle d'un grand intérêt. Tâchons de concourir à ce qu'elle se prolonge, mais sans nous exposer à d'immenses malheurs qui hâteraient même la ruine de l'Égypte. Cherchons quelle est la mesure d'influence que nous avons le droit d'obtenir.

XVI.

Et d'abord demandons-nous pourquoi cette guerre acharnée contre Méhémet? La guerre ne peut avoir que deux motifs humains et légitimes. C'est, en premier lieu, lorsqu'une invasion s'approche, car alors c'est surtout l'existence des hommes laborieux, des familles indigentes, qui est menacée. Qu'un grand peuple s'arme de même contre celui qui cherche à l'humilier, c'est encore un acte, non-seulement d'honneur, mais de prudence; car on n'avilit les hommes ou les peuples qu'avec le dessein secret de les asservir ou de les écraser. Hors ces deux motifs, tous ceux que la guerre se donne ne sont que des prétextes. Tels sont aujourd'hui ceux de la Russie et de l'Angleterre. A qui ont-elles persuadé qu'elles ne songent qu'à maintenir l'intégrité de l'empire ottoman! Et, d'un autre côté, quelle agression, quelle offense ont-elles reçues de

Méhémet-Ali? Ce que tout le monde voit, mais ce que, par pudeur, elles ne pouvaient pas dire, c'est que l'empire ottoman étant mort, il faut s'en partager les dépouilles; c'est que la Russie s'adjuge Constantinople et tout ce qui l'environne, parce qu'elle en a besoin pour donner rapidement à ses provinces encore sauvages une grande valeur commerciale; c'est que l'Angleterre s'adjuge, d'abord, la Syrie, pour d'autres temps, l'Égypte, parce qu'elle en a besoin pour multiplier ses entrepôts de marchandises, pour ouvrir de libres passages vers l'Asie Mineure et l'Arabie, pour abréger ses communications avec l'Indostan.

La Russie et l'Angleterre disent aujourd'hui que, dans leur intention, Méhémet conservera l'Égypte, à titre même de royaume héréditaire, que l'on se bornera à le dépouiller de la Syrie. Mais, si l'on y parvient, ce qui, en ce moment (22 octobre), n'est encore que vraisemblable, que fera-t-on de cette province? On la rendra, dit-on, à la domination du sultan! Et sous quelle garantie, lorsqu'il est de toute notoriété que cette domination du sultan n'est qu'une illusion misérable? Il faudra donc tenir à demeure, à St.-Jean-d'Acre et sur tous les points syriens de quelque valeur, forte garnison anglaise ou autrichienne, si l'on ne veut que Méhémet, resté maître de l'Égypte, ne reprenne promptement possession de toutes ses conquêtes. Voilà donc une puissance européenne militairement établie sur le territoire ottoman. Est-ce bien le moyen de maintenir l'intégrité de ce vieux empire? Et si Méhémet ou son fils, qui connaissent si bien la Syrie et ses habitants, qui sont faits à son climat, y organisent, non un pouvoir régulier comme celui qu'on leur enlève, mais une guerre de partisans nomades, comme celle d'Abdel-Kader en Algérie, que d'embarras ils pourront susciter au vainqueur, dont les forces viennent de si loin, et ont besoin d'être si ménagées!

Il n'y a donc point à hésiter, disent sans doute les lords Palmerston et Posomby; il faut en finir avec Méhémet; il faut le dépouiller à jamais de la Syrie et de l'Égypte.

Telle est la nécessité que se sont imposée l'Angleterre et la Russie par leur ambition de conquête; et cependant elles se sentent contraintes de reculer l'accomplissement de cette nécessité. C'est le moment pour la France d'intervenir, comme médiatrice, dans le débat. Les deux parties contendantes ne peuvent que désirer d'être retenues, Méhémet dans ses sacrifices, l'Angleterre et la Russie dans leurs avantages; une médiation désintéressée peut satisfaire, de part et d'autre, jusqu'au point d'honneur; et alors une guerre générale est écartée, ou du moins suspendue.

XVII.

Une guerre générale! Mais aujourd'hui est-elle possible? Est-il en Europe beaucoup d'hommes qui n'invoquent point contre elle une médiation puissante, rassurante? Ne nous abusons pas; soyons réfléchis et sincères; il y va de trop grands intérêts.

Les temps sont changés, et ils changent sans cesse. A l'époque où tous les sentiments perdent de leur profondeur, de leur énergie, celui de l'ardeur guerrière ne peut que céder, comme tous les autres, à ce mouvement modérateur. Si l'on excepte quelques jeunes gens qui, dans leur âme naïve, conservent encore le feu sacré, quelques autres qui, égarés par une éloquence et des passions d'un autre siècle, invoqueraient la guerre comme le moyen le plus prompt, le plus efficace, de renverser un état de choses qu'ils ont pris en haine sans réflexion, toute la génération actuelle semble revenue de la gloire militaire, et lui préfère des sources de renommée moins brillante, mais moins périlleuse. Je ne préconise point cette disposition comme honorable, je ne la flétris point non plus comme honteuse; je la présente seulement comme un Fait, sinon accompli, du moins travaillant à s'accomplir; et cela, non-seulement en France, mais en Angleterre, en Allemagne, en Italie, en Russie même, où la partie civilisée est Européenne de mœurs, et où la partie barbare ne compte encore que comme instrument formidable, mais aveugle.

Sans doute, en remplacement de l'ardeur des conquêtes nationales, qui jadis enflammait chaque peuple, et agitait le monde, il y a aujourd'hui, dans chaque société civilisée, l'ardeur de tous les individus pour le bien-être particulier, pour la fortune particulière, ardeur qui pousse la société entière à l'extension du commerce, aux progrès de l'industrie; et de là naissent, entre les sociétés contemporaines, des rivalités plus ou moins ardentes, plus ou moins prêtes à provoquer des combats. Mais il y a une grande différence entre une telle disposition et celle des siècles antérieurs. Celle-ci séparait les peuples rivaux en masses compactes de part et d'autre. Ce patriotisme local faisait, de part et d'autre, à chaque citoyen, un devoir, un point d'honneur même, de haïr tous les membres de ce qu'il appelait le nation ennemie, de n'avoir avec eux ni points de contact, ni rapports.

Aujourd'hui, si nous ne sommes plus susceptibles des grandes vertus sociales, par compensation nous sommes devenus étrangers aux passions qu'elles excitent. Lors même que deux gouvernements, celui de France et celui d'Angleterre par exemple, s'observent et se divisent, les individus, de part et d'autre, entrent ou restent en liaison d'affaires, en rapports d'intérêts; ce qui multiplie, de part et d'autre, les filaments d'attache particulière, les entrelace, et en forme des liens puissants, lesquels, à leur tour, et de proche en proche, tendent à enlacer toute l'Europe.

On voit aussi qu'à l'exception, et même partielle, du peuple russe, encore naissant sur bien des points de son immense territoire, tous les peuples de l'Europe, déjà tous en âge au moins de maturité, se plairaient dans un repos portant loisir, douceurs d'existence, délaisseraient sans efforts, sans regrets, un mouvement portant souffrance et privations. Or les déterminations politiques sont naturellement sous l'influence des inclinaisons régnantes. Puisque celles-ci, à l'époque actuelle, invitent généralement à de conciliantes transactions, il serait difficile que cette invitation ne fût pas écoutée. Examinons le principal obstacle qui pourrait s'y opposer.

XVIII.

Nous avons dit que pour un grand peuple, tel que le peuple français, la guerre n'avait que deux motifs plausibles : une invasion menaçante ou un procédé insultant. Une invasion sur le territoire français ! Personne en ce moment n'y songe. Mais, en France, à l'apparition imprévue du Traité de Londres, la susceptibilité nationale s'est émue ; il a semblé que le gouvernement anglais avait manqué d'égards pour le gouvernement français, son allié, et qui ne lui avait donné aucun sujet de plainte. Entre alliés on agit avec plus de courtoisie, même lorsque l'on a l'intention de se séparer.

Mais, en premier lieu, un manque de courtoisie n'est pas encore une insulte. En second lieu, le peuple anglais a blâmé unanimement l'incivilité de son ministre ; et aujourd'hui c'est surtout des sentiments nationaux que l'on doit s'affecter. Enfin le ministre anglais, qui s'est exposé à ces plaintes, a donné, de sa conduite, quelques raisons qui ne sont pas tout à fait sans valeur. Il a dit : Beaucoup de temps avait déjà été perdu ; la résolution était prise ; le gouvernement français n'y accédait pas ; mais il la connaissait. Négocier, discuter encore, c'était répéter inutilement ce que l'on avait dit, et puisque, de part ni d'autre, on n'aurait rien cédé, c'était s'exposer, de la part de la France, à une protestation qui, de suite, aurait donné, au dissentiment, un caractère officiel, premier pas de rupture, que l'on voulait éviter.

Ainsi motivée, la réserve du gouvernement anglais était donc un manque de confiance, mais non une atteinte à l'honneur du peuple français. Son gouvernement était encore libre de lui épargner les calamités d'une guerre générale.

Postérieurement, les violences exercées par la flotte anglaise sur les côtes de Syrie ne pouvaient que provoquer, en France, un mouvement d'irritation. Mais puisque les alliés avaient résolu d'arracher cette contrée au pacha d'Égypte, et que nul traité ne s'y opposait, il fallait agir, et avec rapidité, car le temps pressait; et l'on ne peut précipiter avec des formes modérées les opérations de la guerre. Jusque-là encore rien n'était formellement dirigé contre l'honneur de la France, et le fléau de la guerre pouvait, devait même être encore retenu.

Jusqu'ici il a été retenu, grâce surtout à

la sagesse du roi; c'est lui surtout qui a résisté à l'entraînement irréfléchi de la susceptibilité française, et l'a empêchée d'appeler sur la France et sur l'Europe de longs désordres, une longue et sanglante agitation.

Les meilleurs princes, les plus dignes d'amour et de reconnaissance, sont ceux qui épargnent le plus de malheurs aux peuples qui leur sont confiés. Le vulgaire, qui ne voit point ce genre de bienfaits, n'en tient pas compte; et les hommes clairvoyants, mais passionnés, le blâment, l'imputent à crime; le mérite n'en est que plus grand, et la récompense plus douce; elle est dans la conscience du bienfaiteur. Celle de Louis-Philippe doit être fière et satisfaite. Depuis 1830, que d'injustices il a essuyées! que de maux il a détournés! que d'hommages il recevra de la postérité!

XIX.

Demandons-nous maintenant chez lequel des peuples qui viennent de se mettre en scène, les moyens de faire avantageusement la guerre sont assez prononcés, assez abondants. Est-ce l'Angleterre? Sans doute un trop grand nombre de ses hommes de travail sont aujourd'hui sans occupation, et la plupart deviendraient de très-bons soldats. Mais, pour en faire une armée et les mettre en campagne, il faudrait beaucoup d'argent, et l'Angleterre n'en a pas; elle est énormément obérée; le temps est passé où, par ses subsides, elle pouvait solder d'immenses légions d'auxiliaires étrangers. Et ces chartistes, qu'elle ne peut enrégimenter, il faut cependant que, sur ses foyers même, elle les surveille, qu'elle soit toujours en mesure de les réprimer, ainsi que les mécontents d'Irlande. Que d'hommes lui seraient nécessaires! et sa population indigène lui en fournit si peu! Et cependant, elle convoite la Syrie, et l'Égypte, et le littoral de la Chine! Et elle y est forcée, car son immense horizon commercial a encore besoin de s'étendre, pour que Londres ne devienne que le plus tard possible un nouveau cap des tempêtes.

O prospérité fastueuse! Qu'elle est dévorante! qu'elle est effrayante! Elle fera dire un jour par les Anglais eux-mêmes :

Le trident de Neptune est le poignard du monde.

Et la Russie songe à le saisir! et elle voudrait exercer le pouvoir de Jupiter en même temps que celui de Neptune! Elle s'abuse. La Terre et la Mer sont, à la surface du globe, deux plages essentiellement séparées; s'étendre sur l'une, c'est s'affaiblir sur l'autre. L'Angleterre doit sa suprématie maritime, non-seulement à sa position géographique et au caractère de ses habitants, mais encore à l'exiguïté de son territoire qui lui a permis de toujours donner de l'ensemble, de l'unité, de la célérité, à tous ses mouvements.

Ce qui fait aujourd'hui la puissance formidable de la Russie, c'est, en premier lieu, son unité d'impulsion politique, malgré l'étendue déjà si considérable de son territoire. Mais ce territoire est encore neuf dans bien des parties, ainsi que le peuple russe lui-même, qui se trouve encore dans la chaleur native de l'expansion ascendante; et ce n'est plus l'état d'aucun autre des peuples européens.

En second lieu, la position géographique de la Russie lui donne l'avantage de ne pouvoir être cernée, bloquée; mais elle peut être lacérée; et, pour elle, ce danger commencera à être pressant lorsqu'elle se sera emparée de Constantinople. Alors, ainsi que le peuple romain après la chute de Carthage, le peuple russe se laissera graduellement aller au relâchement des mœurs et de la discipline austères ; alors encore un grand nombre de plages, aujourd'hui désertes, ou occupées par des peuplades presque sauvages, passeront rapidement à l'état de civilisation, de fertilité, se mettront, par l'énergie de leur vitalité naissante, en fermentation réciproque, profiteront de l'énorme distance entre les deux centres, Pétersbourg et Constantinople, pour provoquer çà et là des scissions de nationalité favorisées par les différences de climats, excitées, secrètement ou ostensiblement, par tous les autres peuples de l'Europe, car la conquête de Constantinople aura été le signal, le moteur et le lien de leur coalition. Par cette voie arriveront pour la Russie les compensations rigoureuses, comme elles seront peut-être déjà venues pour un autre empire immense et incohérent, pour l'empire maritime des Anglais.

XX.

Mais c'est là de l'histoire future. Il est plus pressant de chercher quelle sera incessamment l'issue probable de la crise actuelle. Consultons le Principe, c'est nécessairement le meilleur guide dans la connaissance anticipée de l'éventuel.

Ce ne sera point la guerre, puisque l'Angleterre manquerait de moyens de la soutenir. La France n'a aucune raison de la vouloir, et elle a une grande raison de la redouter : la forme de son gouvernement fomente dans son sein des divisions si déplorables! Quant à l'Autriche, elle est pacifique par essence, la Prusse par position. La Russie seule ne répugne point à la guerre, la cherche même; mais elle a, en Asie, suffisamment de quoi s'occuper.

C'est donc à une paix générale que l'Europe tend aujourd'hui. Mais donnons à ce mot, paix générale, sa signification précise.

La paix politique entre peuples contigus

n'est point une permanence constante dans leurs rapports réciproques, mais une oscillation légère autour de la fixité de ces rapports. Le mouvement d'expansion étant essentiel à tous les êtres, collectifs ou individuels, aucun n'est immobile; tous se meuvent, mais à divers degrés. Entre peuples contigus quelques-uns effectuent leur développement avec une activité que les autres ne peuvent suivre; mais ceux-ci à l'instant réagissent contre les effets de cette supériorité; ils préparent, ils combinent entre eux les succès de leur réaction commune. La paix est considérée de part et d'autre comme maintenue, tant que ces mouvements partiels ne prennent en aucun point une intensité qui provoque une rupture; et c'est désormais ce que, entre les peuples européens, une intelligence mieux répandue du balancement réciproque, réussira plus aisément à prévenir.

Il est vraisemblable que cette intelligence mieux répandue conduira bientôt le peuple Anglais et le peuple Français à s'allier de nouveau; non qu'il n'y ait entre eux une cause puissante et constante de divergence nationale, l'un et l'autre peuple étant doués d'activité commerciale et de génie industriel; mais la Russie, qui déjà, depuis la chute de Napoléon, les avait mis en communauté de réaction contre son extension rapide, ne cessera certainement pas de leur imprimer la même disposition. Ce n'est point, comme on l'a dit, sur l'analogie des formes de gouvernement qu'était fondée l'alliance Anglo-Française, c'était uniquement sur les appréhensions très-légitimes excitées en Angleterre par l'ambition de Nicolas.

Timor Domini, initium sapientiæ.

La crainte du Seigneur commence la sagesse.

Si tout d'un coup, ce qu'à Dieu ne plaise, un tremblement de terre engloutissait pour toujours l'empire russe, il n'y aurait plus que rivalité ardente entre la France et l'Angleterre.

Remercions la Russie de ce qu'elle renouera bientôt nos affections, car nous aimons les Anglais, et les Anglais nous aiment, quoique leur gouvernement s'inquiète justement de nos avantages et de notre activité.

XXI.

Résumons le système général de politique internationale.

Entre peuples contemporains, les alliances partielles et les hostilités réciproques ne sont jamais, comme entre individus contemporains, que de l'expansion en exercice, cherchant son équilibre.

Ainsi que les oscillations d'un pendule autour de la ligne d'équilibre absolu, autour de la ligne verticale, les oscillations de peuples contemporains autour de la ligne de repos, peuvent être fortes ou légères, lentes ou rapides; cela dépend des circonstances auxquelles la loi de l'équilibre mobile les contraint de s'assortir. A l'époque actuelle les oscillations politiques en Europe seront variables dans leur mesure, et cependant habituellement légères, parce que tous les peuples en Europe deviennent vifs, actifs, mais cessent d'être violents. D'un autre côté, ces oscillations politiques en Europe seront soumises, et prochainement sans doute, à une modification d'ensemble marquée et importante, ce que l'on appelle l'intégrité de l'Empire ottoman étant une chimère qui n'abuse personne, et qui ne peut tarder à s'évanouir. A notre époque de réalité et de franchise, c'est une fiction puérile que celle qui laisse un misérable fantôme dans une situation puissante; il est inévitable, comme M. de Lamartine l'a démontré, qu'un peuple en harmonie avec cette situation, qu'un peuple puissant, la saisisse, ou que plusieurs peuples puissants se la partagent.

Ainsi ce qui en ce moment (23 octobre) s'avance peut-être; ce que du moins nous appelons tous en désir et en espérance, le rétablissement de la paix générale, sera vraisemblablement une transaction à l'amiable dont la condition essentielle, mais sous-entendue, sera d'arriver en silence, et à pas discrets, au démembrement et au partage de ce qui fut l'empire de Constantinople. Si l'on parvient à consommer sagement, pacifiquement, cette distribution, elle donnera, pour quelque temps du moins, plus d'aplomb, plus de régularité, au balancement européen.

Mais, ne l'oublions pas : forcément ou de plein gré, par ondulations paisibles ou par secousses violentes, l'équilibre mobile s'exécutera sans cesse. Là est toute l'histoire, et des temps passés, et du temps actuel, et, par anticipation, des temps à venir. Dès l'origine, la destinée de tous a été d'être régis par le Principe éternel et universel, par cette Force d'expansion qui s'est soumise elle-même au balancement continu de toutes les actions et les réactions émanées conjointement de sa puissance. Le *sentiment*, accordé à l'homme, en plaçant dans son être la conscience de ces deux ordres de mouvements, n'en a point changé les rapports; il leur a seulement donné, dans l'univers, un témoin intelligent, et pouvant influer sur leur correspondance. C'est une magnifique concession divine.

L'homme s'agite et Dieu le mène, a dit Bossuet. C'est par sentiment que l'homme s'agite; mais par sentiment de quoi ? De la liberté qui lui est nécessaire pour exercer son Expansion; et son Expansion, c'est son droit, son essence, sa nature. C'est par expansion que Dieu la mène. Qu'un seul instant son expansion perde toute liberté; et il ne sent plus, il ne vit plus. Mais, d'un autre côté, qu'un seul instant sa liberté d'expansion soit absolue, et tout son être se détruit. Sa liberté d'expansion a donc besoin d'une résistance; et elle lui vient de la liberté d'expansion des êtres qui l'environnent, liberté à laquelle il résiste à son tour.

Loi simple, admirable; loi de raison et de justice; véritable souverain de tous les genres d'êtres. C'est par le balancement continu de l'expansion universelle que Dieu mène l'homme, les peuples et l'univers.

XXII.

Au terme de cet ouvrage, le Principe universel m'inspire une considération bien digne de nous occuper.

Nous avons dit que, par la Loi imposée à l'action de ce Principe, lorsque plusieurs êtres, analogues entre eux, se trouvent en contact réciproque, ils sont toujours pressés, par le seul effet de leur juxtaposition, de se faire mutuellement toutes les concessions qui doivent les amener respectivement à l'état d'équilibre. Pour cette raison, ils tendent à devenir, autant qu'il leur est possible, homogènes de forme et de constitution. Ce travail intérieur de concordance est, dans tous les genres d'êtres, le principe de leurs rapports.

L'Europe est maintenant un de ces groupes politiques, à parties contiguës, qui ont besoin d'effacer entre elles, autant qu'il leur est possible, les différences de constitution qui les distinguent. A cet égard, la France est en pleine disparate avec les autres grands états, même avec l'Angleterre. La forme de son gouvernement est la seule qui contienne, sans contre-poids, un élément invincible de démocratie, un élément qui opprime invinciblement le ressort monarchique. Là est, de la part de tous les grands états européens, envers le gouvernement français, une cause sourde et soutenue de dispositions sans bienveillance, dispositions qui, à la première circonstance critique, ne pouvaient manquer de se manifester. Cette circonstance est venue; le gouvernement français s'est trouvé subitement isolé, sans un seul allié sincère et formidable.

Mais, faisons une remarque essentielle : le peuple français n'est, nulle part, l'objet direct de sentiments hostiles : tous les peuples, au contraire, sont portés, envers lui, à de l'affection et de l'intérêt. Tout Français, voyageant en Europe, est, partout, honorablement et gracieusement accueilli.

Il n'en serait pas de même de la forme de son gouvernement, si elle pouvait être personnifiée, et aller en visite dans les diverses cours de l'Europe; l'accueil qu'elle y recevrait serait très-incivil.

Et comme cette forme du gouvernement français est, par elle-même, contagieuse; comme, tout en ayant son centre à Paris, elle rayonne par les journaux, par les livres, par les voyageurs, vers tous les points du globe; comme enfin, dans tous les états civilisés, les hommes en situation inférieure forment nécessairement le grand nombre, et sont naturellement avides de changement, de mouvement, de révolutions, les monarques européens ne peuvent être que très-inquiets d'avoir pour contemporain, pour voisin des peuples qu'ils gouvernent, un peuple vif, ardent, et que, par une inconséquence permanente, une inconséquence constituée, son gouvernement, au lieu d'en être le modérateur, excite sans cesse à l'agitation, à la turbulence; ils l'isolent au sein de l'Europe, comme, dans l'enceinte des villes, on isole un magasin à poudre, afin que, s'il fait explosion, la catastrophe ne tombe que sur lui.

Il est de toute vraisemblance que si déjà, et depuis quelque temps, la France, renonçant à sa fiction séditieuse de monarchie représentative, eût adopté la réalité sociale d'une monarchie consultative, l'Autriche et la Prusse, rassurées, n'auraient pas cédé aux instigations russe et anglaise; elles ne seraient pas entrées dans une alliance dont le but ostensible leur était presque étranger.

Et vraisemblablement encore, la Russie même, si la France était constituée pacifiquement, la Russie n'aurait pas eu contre elle cette animadversion passionnée qui, depuis dix ans, est comme le démon de sa politique; elle aurait concentré ses défiances sur l'Angleterre, sa rivale naturelle; le traité de Londres n'aurait pas eu lieu; nous aurions évité bien des inquiétudes, bien des dépenses, et de très-fâcheux mal-entendus.

Faut-il donc que, pour entrer en sympathie politique avec les Souverains du nord, nous nous placions, comme leurs sujets, sous un gouvernement despotique?

Non; il faut le contraire. Il faut qu'en écartant avec ménagement et prudence une forme de gouvernement constitutionnellement anarchique, en la remplaçant, à l'aide de l'opinion consultée, par une forme de gouvernement constitutionnellement balancé, constitutionnellement stable, fort et libre, nous fassions graviter vers nous les monarchies absolues.

Écoutons toujours le Principe. Puisque c'est à l'homogénéité politique qu'il conduit les états qui se touchent, il faut bien, lorsqu'ils sont opposés de constitution, que chacun aille graduellement de l'extrême où il est placé vers le milieu de l'intervalle qui les sépare. Par sa position même, ce milieu est, pour tous, abordable et honorable.

Telle sera, à une époque peut-être assez peu éloignée, la marche de l'Autriche, de la

Prusse, de la Russie elle-même, ou du moins des monarchies distinctes auxquelles cet immense corps aura un jour donné naissance. Telle sera aussi la marche de l'Angleterre, chez qui se maintient encore le simulacre et comme l'ombre des véritables formes représentatives, mais qui ne pourra les conserver longtemps.

Telle sera enfin la marche de l'Espagne, qui ne pourra sortir par une autre voie du gouffre toujours près de l'engloutir.

A ce terme de bon sens politique, fruit général du temps, de l'instruction, de l'expérience, tous les intérêts en Europe se seront entrelacés de manière à faire un seul peuple de tous les peuples qui l'habitent, et à rendre tous leurs différends très-faciles à apaiser. A l'aide du temps, cette conciliation, par l'entremise des intérêts communs et du bon sens politique, embrassera toutes les nations du globe. C'est le vœu du Principe.

QUESTION DERNIÈRE.

On demande sans cesse où va le *genre humain?*

Nous venons de l'apprendre : sa jeunesse finit, et, avec elle, son temps d'éclat sans doute, mais aussi d'erreur, de passion, d'agitation ; sa maturité commence, et avec elle son temps de prudence, de réflexion, de sagesse. Guidé désormais par la science, éclairée elle-même par le Principe, le Genre humain va suivre une ligne simple, régulière, affermie, au terme de laquelle, en paix avec la nature, d'accord avec lui-même, certain de ses pensées, invariable dans sa foi, il se reposera dans le calme de la vérité et de la raison.

APPENDICE.

L'ouvrage que l'on vient de lire a été mis sous presse le 25 octobre. L'impression se termine aujourd'hui, 3 novembre. Je me hâte d'ajouter quelques lignes inspirées par l'événement dont les journaux viennent de nous informer.

La Syrie échappe à la domination de Méhémet-Ali; c'est, en ce moment, pour beaucoup de Français, un sujet, non-seulement de regrets, mais de blâme, d'accusation contre le gouvernement de leur patrie; il devait, dit-on, soutenir la cause du Pacha, parce qu'elle était populaire en France, et parce que la France en avait pris l'engagement d'honneur, lorsqu'elle avait détourné, deux fois, le Pacha victorieux de marcher sur Constantinople. Sans doute, il n'avait cédé à une telle entremise que par l'espoir, la certitude même d'être secouru par la France si, à leur tour, ses ennemis marchaient contre lui.

J'ai déjà traité cette question délicate. Je pense encore que le gouvernement français, en s'interposant deux fois entre le Pacha et le Sultan, fit, dans l'intérêt même du Pacha, un acte de haute prudence; car si, par un mouvement audacieux et rapide, Ibrahim était entré dans Constantinople, la Russie, qui le désirait, s'y serait également rendue et l'y aurait écrasé. Cet acte de protection accompli, l'armée russe se serait-elle retirée? Cela n'est point vraisemblable; et alors quelle profonde perturbation dans toute l'Europe! Ce n'est pas, à la vérité, le traité Brunow que la Russie aurait présenté à l'Angleterre, c'est, au contraire, l'Angleterre et la France, plus étroitement unies, qui auraient sommé la Russie d'évacuer sa conquête. Mais, sans doute, elle s'y serait refusée; guerre par conséquent, et guerre générale, car la Russie, qui pense à tout, aurait d'avance entraîné la Prusse par des instigations de famille, et l'Autriche par l'offre d'une forte part aux dépouilles de l'Empire ottoman. Voilà des mouvements critiques, vastes, violents, que la France faisait sagement de prévenir.

Eh bien! s'écrie-t-on, c'était alors l'abaissement du Pacha que la France devait prévenir, en le couvrant de ses flottes et de son armée contre la tyrannie brutale de la Russie et de l'Angleterre. Pourquoi l'a-t-elle abandonné? Pourquoi, étant la première en mesure de commander sur toutes les côtes de la Méditerranée, les a-t-elle laissé envahir? Pourquoi, en présence d'agresseurs plus faibles qu'elle, annonçant leurs projets, les exécutant avec brusquerie, a-t-elle gardé une immobilité flétrissante? Après une telle impassibilité, ressemblant de si près à une honteuse connivence, quelle dignité va-t-il rester au nom français?

Ah oui! le nom français, en ce moment, est descendu de sa dignité antique. Mais à qui la faute? Faut-il, pour conserver un renom chevaleresque dans l'histoire, qu'un grand peuple se précipite tout entier dans un abîme de malheurs! Une attitude comminatoire sur le Rhin et dans la Méditerranée, c'était une déclaration de guerre à la quadruple alliance. Une déclaration de guerre! Nous, peuple assurément plein de vaillance, mais excessivement divisé! Et pourquoi excessivement divisé? Parce que nous avons fait, à la chute de Napoléon, la haute imprudence de demander une forme de gouvernement que l'état de nos mœurs rend, pour nous, essentiellement anarchique, une forme de gouvernement ne pouvant que tenir sans cesse toutes les ambitions en mouvement, en fermentation, en funestes espérances!

Ah! Napoléon! véritable grand homme! en ce moment ta cendre traverse l'Océan et s'avance rapidement vers cette belle France qui te fut si chère! Si, à l'instant où tu toucheras ce sol sacré, la vie t'était rendue; si de ton œil d'aigle, tu pouvais voir le peuple français sur tous les points de son territoire, et, en même temps, entendre toutes ses paroles, que tu gémirais de leur incohérence, de leur désordre! Et à ceux qui, excités par ta présence, pousseraient un cri de guerre : « Malheureux! crierais-tu à ton tour, que dites-vous? que voulez-vous? la guerre! La guerre! quoi! vous voulez la porter autour de vous, et elle est entre vous! Et chacun des peuples que vous voulez affronter est plus fort que vous, car il est soumis à une impulsion unique, et vous êtes tiraillés, en tous sens, par les plus discordantes impulsions ! Tant que vous conserverez une forme de gouvernement dont l'effet nécessaire est l'instabilité continue, vous serez hors d'état de vous défendre contre le premier peuple audacieux et uni qui voudra vous dévorer. C'est par vos propres mains qu'il déchirera vos entrailles. Fortifiez donc votre gouvernement, ou bien restez tranquilles. Par le bénéfice de votre constitution, la paix à tout prix est, pour vous, une nécessité. »

Napoléon par ces mots, fortifier notre gouvernement, n'entendrait pas aujourd'hui le soin de le rendre arbitraire et despotique. Il a souvent gémi, sur le rocher de Sainte-Hélène, du mal qu'il avait fait à la France par l'exaltation même du bien qu'il voulait lui faire. Fasciné, comme nous tous ses contemporains, par de fausses idées de gloire et de grandeur, mais ayant, plus que nous tous, un caractère impétueux, opiniâtre, indomptable, il fut entraîné, pour accomplir ses gigantesques desseins, au besoin d'attaquer tous les peuples de l'Europe, de les épouvanter, de les armer, de les unir contre nous, et, pour terrasser leur résistance, de forcer à l'excès tous les ressorts de son pouvoir. C'est ainsi qu'il fit peser sur la France entière une oppression intolérable; à son tour, et par la loi des contrastes, cette oppression, lorsque nous en fûmes délivrés, nous laissa le besoin de donner beaucoup trop d'extension à nos vœux de liberté politique.

Toute grande vérité que l'on traverse devient une grande et fatale erreur. Revenons sur nos pas, sagement, paisiblement; arrêtons-nous à la modération, à la raison, à l'honneur véritable. Pour être respectés de l'Europe, rendons-nous forts et respectables dans la personne de notre chef. Que, par nos institutions, son pouvoir soit hors d'atteinte; mais qu'il en soit de même de notre liberté.

Ce double vœu est celui du siècle, spécialement celui de la France. La combinaison que j'indique dans cet écrit me semble propre à le satisfaire.

Et, afin de donner à mes pensées, sur un sujet de si pressante importance, un autre crédit que celui de ma persuasion, qu'il me soit permis de faire ici une révélation personnelle.

Depuis longtemps j'expose tous les ans mon système dans des conférences publiques. Depuis 1834, je consacre au moins une de ces conférences à l'examen de notre situation politique; je résume les plaintes, les critiques dont elle est l'objet; j'indique ce qui, dans notre constitution sociale, est, à mes yeux, la source directe des inconvénients, des souffrances, de l'agitation, du désordre, dont tout le monde s'inquiète. Je passe ensuite, avec la même franchise, à l'indication des changements ou modifications que, d'après le Principe unique de toutes les combinaisons durables et salutaires, d'après le Principe universel, il faudrait porter à notre constitution sociale, pour la rendre pleinement saine et harmonique, pour tarir en elle cette source funeste de désordre et d'agitation. Je développe sans réticence les idées et le plan que l'on vient de trouver dans cet écrit. Et toujours mon auditoire donne à ce plan, à ces idées, une approbation manifeste, unanime.

Un auditoire nombreux, fortuitement composé de personnes de tout âge, de tout sexe, de toute condition, et sans instigations de parti, sans intervention de l'autorité, ne signale-t-il point, par ses vœux, ses opinions, ses dispositions, les dispositions, les opinions, les vœux de la nation entière? Son adhésion formelle, sans hésitation, sans objection, sans résistance, ne donne-t-elle pas le droit de penser que la nation entière, loyalement consultée, donnerait une adhésion semblable? Je désire que l'on juge convenable de l'éprouver.

Napoléon eut recours à ce genre de vote pacifique qui, peut-être alors, manqua de sincérité, le pouvoir de Napoléon étant déjà établi et formidable, lorsqu'il en demanda la consécration.

Aujourd'hui ce ne serait point un homme puissant, chef de grandes armées victorieuses, qui se présenterait à une génération fascinée ou intimidée; ce serait une simple pensée sociale, accessible à tous les esprits, ne s'appuyant que sur la raison et l'expérience.

Si, comme je crois pouvoir l'affirmer, elle

était accueillie par la majorité très-marquée du peuple français, comme elle l'a toujours été par l'unanimité très-apparente de mes auditeurs, quelle légalité, quelle autorité ne donnerait-elle pas à l'ordre politique qui en découlerait! C'est bien alors que tous les dissentiments s'apaiseraient, et que la Révolution serait finie.

S'il en est autrement, si l'on ne songe qu'à pallier des inconvénients, des désordres, qui renaîtront sans cesse, n'étant jamais le tort de personne en particulier, mais procédant d'un vice capital dans le régime, la Révolution recommencera sans cesse, et, par une dernière crise, nous jettera dans l'épuisement. Alors nous serons envahis, mutilés, effacés, comme l'ancien Empire de Byzance.

De toutes les causes de mort, pour les peuples comme pour les individus, la plus malheureusement efficace est un vice soutenu dans le régime.

TABLE.

Pages.

INTRODUCTION. 1

Occasion de cet ouvrage. — Son objet. — État actuel de l'esprit humain. — Nécessité pressante de lui donner une direction fixe et salutaire. — *Post-scriptum* : attentat du 15 octobre. — Fanatisme.

Lettre à l'Académie des sciences. 31

Histoire générale de la science humaine. — A quel terme aujourd'hui elle est arrivée. — Son objet actuel ; sa destinée.

Mémoire sur l'affinité ou puissance de combinaison. 46

Corollaires du Mémoire précédent.

Chapitre Ier. Corollaires de l'ordre physique. 64

Chapitre II. Corollaires de l'ordre politique. 71

Vingt-deux paragraphes.

Question dernière. 186

Appendice. 187

NOTE

DE MES OUVRAGES.

Ils servent tous au développement du système universel (1).

Constitution de l'univers ; 1 vol. in-8 : prix. . . . . . 6 fr.
De la Phrénologie, du Magnétisme et de la Folie ; 2 vol. in-8. 10
Jeunesse, Maturité, Religion, Philosophie ; 1 vol. in-8. 5
Physiologie du bien et du mal, de la vie et de la mort, du présent, du passé et de l'avenir ; 1 vol. in-8. . . 5
Idée précise de la vérité première et de ses conséquences générales ; 1 vol. in-8. 5
Des Compensations dans les destinées humaines, 4e édition ; 3 vol. in-8. 15
Jugement impartial sur Napoléon (publié en 1816) ; 1 vol. 5
De la vraie Médecine et de la vraie Morale ; 1 vol. in-8. 2
Les deux Frères de lait, ou l'Éducation mutuelle ; 1 vol. in-12. 2
Manuel du philosophe ; 1 vol. in-12. 2

J'ai publié antérieurement d'autres ouvrages qui ne sont plus dans le commerce de la librairie ; en voici les titres :

Système universel ; 8 vol. in-8.
Cours de philosophie générale ; 8 vol. in-8.
Explication universelle ; 3 vol. in-8.
Du Sort de l'homme dans toutes les conditions ; 3 vol. in-12.
Le Nouvel Ami des enfants ; 12 vol. in-18.
Un mois de séjour dans les Pyrénées ; 1 vol. in-8.

(1) On les trouve à ma demeure, rue de l'Ouest, passage Laurette, 3.

www.ingramcontent.com/pod-product-compliance
Ingram Content Group UK Ltd.
Pitfield, Milton Keynes, MK11 3LW, UK
UKHW031047260726
13965UKWH00006B/693

9 782012 959132